Einführung in die Stochastik

7.1 Zufallsexperimente

Basisaufgabe zum selbstständigen Lernen

① Jonas und Laura experimentieren mit zwei 50 Cent Münzen. Sie werfen die beiden Münzen nach oben und notieren die Anzahl der unterschiedlichen Wurfergebnisse in einer **Strichliste**.

Wappen (w)   **Zahl (z)**

a) Führe das Experiment selbst 30-mal durch und ergänze die nachfolgende Tabelle.

Unterschiedliche Wurfergebnisse	Strichliste für die Anzahl

b) Die folgende Aussage soll wahr sein. Kreuze die passende Eigenschaft an.

	beeinflussbar.
Das Wurfergebnis ist	vorhersehbar.
	zufällig.

c) Vor einem Fußballspiel wird durch Münzwurf entschieden, welches Team die Platzwahl hat. Überlege dir, ob das Werfen von **zwei** 50 Cent Münzen dafür geeignet ist. Begründe deine Meinung.

② Durch Fehlprägungen sind 50 Cent Münzen entstanden, bei denen Vorder- und Rückseite identisch sind. Jörg besitzt solche Münzen - eine Münze, die auf beiden Seiten das Wappen hat und eine Münze, die auf beiden Seiten die Zahl hat.

Jörg wirft die beiden 50 Cent Münzen nach oben.

a) Beschreibe das Wurfergebnis.

b) Überlege dir, ob das Werfen dieser beiden Münzen für die Platzwahl beim Fußballspiel geeignet ist. Begründe deine Entscheidung.

- Merkmale eines **Zufallsexperiments** (ZE).

  1. Es kann unter gleichen Bedingungen beliebig oft wiederholt werden.

  2. Es sind mindestens zwei Ergebnisse möglich.

  3. Das Ergebnis eines Versuchs kann nicht vorhergesagt werden.

- Die möglichen Ergebnisse fasst man in einer Menge, der **Ergebnismenge** Ω (Omega, griech. Buchstabe), zusammen.

1. Überprüfe, ob die folgenden Experimente Zufallsexperimente sind. Ergänze für deine Entscheidung jeweils die Begründung.

Experiment 1	Experiment 2	Experiment 3
Der abgebildete Spielwürfel wird geworfen und die Augenzahl bestimmt.	In der Kiste befinden sich 500 verschiedene Dreiecke. Ein Dreieck wird gezogen und die Innenwinkelsumme bestimmt.	Der Zeiger des Glücksrads wird gedreht und die Zahl bestimmt, auf die der Zeiger zeigt.

  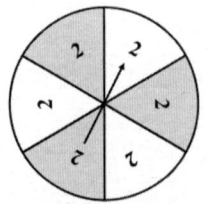

Es ist **(k)ein** Zufallsexperiment, weil…	Es ist **(k)ein** Zufallsexperiment, weil…	Es ist **(k)ein** Zufallsexperiment, weil…

2. Fülle die Lücken aus und mache Aussagen über die Eintrittschancen der einzelnen Ergebnisse.

a) Zufallsexperiment
Die abgebildete 1 Euro Münze wird geworfen.

b) Zufallsexperiment
Der Zeiger des abgebildeten Glücksrads wird gedreht.

Ergänze die Beschreibung der möglichen Ergebnisse.

z = Zahl liegt oben.	w = Zeiger zeigt auf weißes Feld.
w =	s =
	g =

Menge Ω der möglichen Ergebnisse:	Menge Ω der möglichen Ergebnisse:
$\Omega = \{ \qquad \}$	$\Omega = \{ \qquad \}$
Vermutete Eintrittschancen:	Vermutete Eintrittschancen:

c) Zufallsexperiment

In einer Urne befinden sich die folgenden mit Ziffern beschrifteten Kugeln. Eine Kugel wird mit verbundenen Augen gezogen.

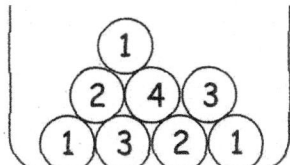

d) Zufallsexperiment

Ein normaler Spielwürfel wird geworfen und die Augenzahl bestimmt.

Ergänze die möglichen Ergebnisse und ihre Beschreibung:

①			
②			
③			
④			
$\Omega = \{ \qquad \}$		$\Omega = \{ \qquad \}$	
Vermutete Eintrittschancen:		Vermutete Eintrittschancen:	

3. Bestimme die Ergebnismenge Ω und mache Aussagen über die Eintrittschancen der einzelnen Ergebnisse.

Zufallsexperiment	**Zufallsexperiment**
Aus der abgebildeten Spielkartenserie wird eine Karte gezogen und die Farbe notiert	Eine nummerierte Kugel wird aus einer Urne gezogen und die Nummer festgestellt.

 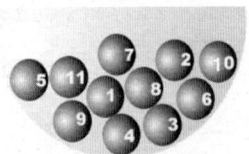

$\Omega = \{$ $\}$	$\Omega = \{$ $\}$
Vermutete Eintrittschancen:	Vermutete Eintrittschancen:

4. Gib bei folgenden ZE die möglichen Ergebnisse an. Wähle für die Ergebnisse zweckmäßige Kurzbezeichnungen und bilde die Ergebnismengen.

   a) Werfen eines Würfels und feststellen, ob die Augenzahl größer als 3 ist.

   b) Werfen eines Würfels und feststellen, ob die Augenzahl gerade ist.

   c) Zweimaliges Werfen eines Würfels und feststellen der Augensumme.

5. Ziehen einer Karte.

   Gib jeweils die Ergebnismenge an.

   Du ziehst aus einem Kartenspiel (32 Karten) eine Karte und

   a) stellst den Kartenwert fest,

   b) stellst die Farbe (z. B. Karo) fest,

   c) stellst fest, ob du ein Bild (z. B. König) gezogen hast.

6. Ein Tetraederwürfel lässt sich aus vier gleichseitigen, deckungsgleichen Dreiecken bauen. Jede Seitenfläche ist mit einem Buchstaben gekennzeichnet. Benutzt werden dafür die Buchstaben a, b, d und e. Das Würfelergebnis ist die Seitenfläche, auf der der Tetraederwürfel zu liegen kommt.

   Gib jeweils die Ergebnismenge Ω an.

   a) Werfen des Tetraederwürfels und feststellen, ob der Buchstabe ein Konsonant ist.

   b) Zweimaliges Werfen eines Tetraederwürfels und feststellen, ob zwei gleiche Vokale geworfen werden.

   c) Zweimaliges Werfen eines Tetraederwürfels und feststellen, ob das Würfelergebnis genau einen Konsonant und einen Vokal enthält.

7.2 Auswerten von Zufallsexperimenten

Basisaufgabe zum selbstständigen Lernen

① ZE: Eine Schachtel enthält zehn gleich große Legosteine: 1 blauer, 4 gelbe und 5 rote. Du ziehst einen Stein und stellst seine Farbe fest.

Ergebnismenge: $\Omega =$ [| | | |]

a) Stell dir vor, du führst das Experiment 100-mal durch.

Wie häufig, erwartest du, treten die einzelnen Ergebnisse auf?

b) Holger hat das Experiment 100-mal durchgeführt und in einer Strichliste festgehalten, wie oft die einzelnen Ergebnisse aufgetreten sind.

Ergebnis		absolute Häufigkeit	relative Häufigkeit
b	卌 卌 II		
g	卌 卌 卌 卌 卌 卌 卌 II		
r	卌 卌 卌 卌 卌 卌 卌 卌 卌 卌 I		
	Summe		

- Trage in der Spalte „absolute Häufigkeit" ein, wie oft in Holgers Versuchsreihe die einzelnen Ergebnisse eingetreten sind.
- Berechne den Anteil der Versuche, bei denen der blaue Stein (ein gelber Stein, ein roter Stein) gezogen wurden. Trage die Anteile als Dezimalbrüche in der Spalte „relative Häufigkeit" ein.

c) Lisa hat das Experiment ebenfalls 100-mal durchgeführt und die folgende Strichliste erhalten. Werte Lisas Strichliste wie in b) aus.

Ergebnis		absolute Häufigkeit	relative Häufigkeit
b	卌 IIII		
g	卌 卌 卌 卌 卌 卌 卌 卌 IIII		
r	卌 卌 卌 卌 卌 卌 卌 卌 卌 II		
	Summe		

d) Marc hat das Experiment 750-mal durchgeführt. Ergänze die Tabelle.

Ergebnis	b	g	r	Summe
absolute Häufigkeit	72	312	366	
relative Häufigkeit				

② Stefanie würfelt 20-mal. Ihre Ergebnisse hat sie in einer Strichliste zusammengefasst.

Augenzahl	1	2	3	4	5	6
Strichliste	|||			||||	ⅡⅡⅡ	|||	||||
absolute Häufigkeit						

a) Trage in die obige Tabelle ein, wie oft jede Augenzahl gewürfelt wurde. **Absolute Häufigkeit** wird
umgangssprachlich auch mit **Anzahl** bezeichnet.

b) Schreibe den Anteil der absoluten **Häufigkeiten**
der Würfelergebnisse an der **Anzahl der Versuche**
in Bruch- und Prozentschreibweise in die Tabelle.
Den Quotienten aus **absoluter Häufigkeit** und der
Anzahl der Versuche bezeichnen wir als **relative
Häufigkeit** h.

Relative Häufigkeit
=
Absolute Häufigkeit
─────────────────
Anzahl der Versuche

Augen	1	2	3	4	5	6
Häufigkeit	3					
relative Häufigkeit (h) Bruchschreibweise	$\frac{3}{20}$					
relative Häufigkeit (h) Prozentschreibweise						

7. ZE: Werfen eines Würfels und Feststellen der Augenzahl.

Das ZE wird 100-mal durchgeführt, die Wurfergebnisse werden in einer **Urliste** notiert.

5	6	2	1	2		6	4	5	5	1		5	1	3	2	5		5	4	3	1	6		3	5	4	2	6
5	6	4	3	4		6	5	6	2	6		3	3	2	5	5		1	4	5	6	2		4	4	5	6	1
3	6	4	3	4		6	2	5	1	5		5	2	5	2	6		4	2	3	3	5		5	4	3	4	1
6	6	5	2	4		5	3	1	6	4		1	2	2	4	1		2	6	1	2	5		3	2	6	5	2

a) Werte die Urliste aus und gib die absolute Häufigkeit der einzelnen Augenzahlen an.

Augenzahlen	1	2	3	4	5	6
absolute Häufigkeit						

b) Berechne die **relativen Häufigkeiten** (*h*) für die einzelnen Augenzahlen in der obigen Versuchsreihe.

Augenzahlen	1	2	3	4	5	6
relative Häufigkeit (h)						

c) Veranschauliche die **Häufigkeitsverteilung** im **Balkendiagramm**.

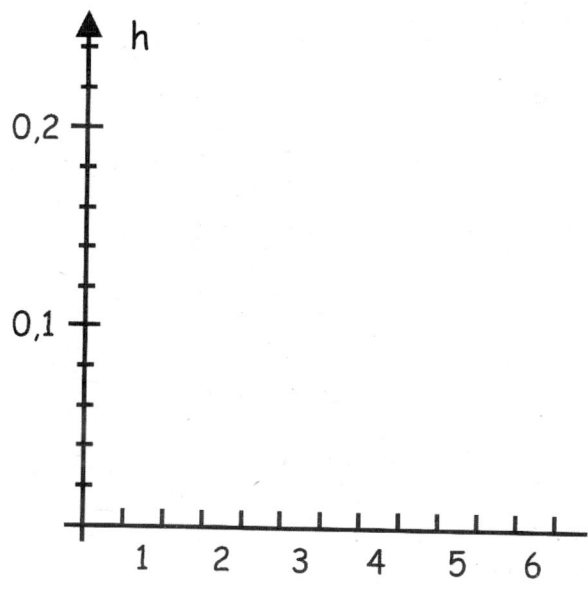

d) Nimm Stellung zu folgender Aussage: „Wenn bei 12 aufeinanderfolgenden Würfen keine 6 fällt, dann ist der Würfel nicht in Ordnung".

8. Das abgebildete Glücksrad wird gedreht.
Bestimme die absoluten und relativen Häufigkeiten für die einzelnen Zahlen.

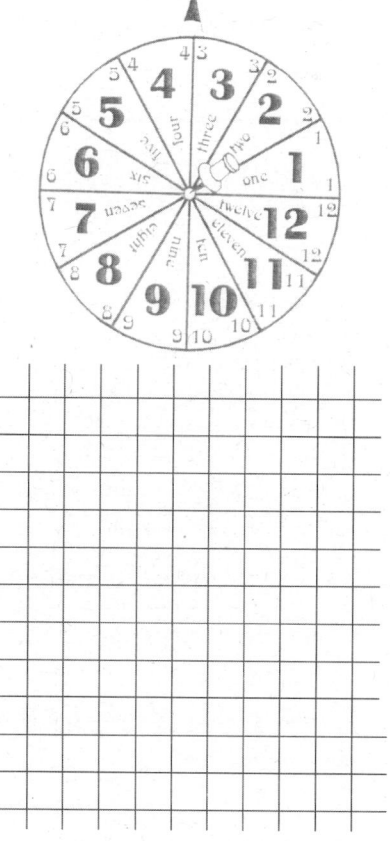

gedrehte Zahl	Striche	absolute Häufigkeit
1	卌 卌 I	
2	卌 卌 III	
3	卌 卌 IIII	
4	卌 IIII	
5	卌 卌 II	
6	卌 卌 I	
7	卌 卌 卌	
8	卌 卌 I	
9	卌 卌 III	
10	卌 卌 卌 I	
11	卌 III	
12	卌 卌 卌 II	

9. Franz zieht eine Karte aus einem Skatspiel und notiert die Farben (Herz, Kreuz, Pik, Karo). Er legt die Karte zurück, mischt und zieht eine neue Karte.

a) Bestimme die Anzahl der Versuche und die relative Häufigkeit für die einzelnen Farben.

Farbe	♥	♣	♠	♦
Häufigkeit	11	8	12	9
relative Häufigkeit (h)				

b) Addiere die relativen Häufigkeiten der einzelnen Farben. Was stellst du fest?

$$h(\heartsuit) + h(\clubsuit) + h(\spadesuit) + h(\diamondsuit) =$$

Eigenschaften der relativen Häufigkeiten.

- Die relative Häufigkeit ist stets eine Zahl von _____ bis _____.

- Addiert man die relativen Häufigkeiten aller Ergebnisse, so erhält man _____.

---

10. ZE: Man dreht nebenstehendes Glücksrad einmal und stellt fest, in welchem Sektor der Zeiger stehen bleibt.

Ergebnismenge: $\Omega = \{0, 1, 2, 3, 4\}$.

In dem ZE wurden zwei Versuchsserien mit unterschiedlichen Anzahlen n durchgeführt.

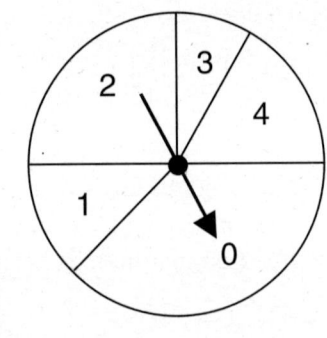

	Ergebnis	0	1	2	3	4
Serie 1: $n = 600$.	absolute Häufigkeit	214	85	126	58	117
Serie 2: $n = 1700$.	absolute Häufigkeit	633	202	428	147	290

a) Addiere für die Serie 1 die relativen Häufigkeiten aller Ergebnisse.

$$h(0) + h(1) + h(2) + h(3) + h(4)$$
$$= \frac{214}{600} + \frac{85}{600} +$$

b) Berechne ebenso im Heft für die Serie 2 die Summe der relativen Häufigkeiten aller Ergebnisse.

11. Beim Werfen eines Reißnagels können die Ergebnisse

⊥ (1) oder Q (0) auftreten.

a) Welche Eintrittschance vermutest du für die Ergebnisse ⊥(1) oder Q (0)?

b) Wirf einen Reißnagel 200-mal. Notiere alle 20 Versuche, wie oft ⊥ bis dahin auftritt.

Anzahl der Würfe	20	40	60	80	100	120	140	160	180	200
Anzahl von ⊥										
relative Häufigkeit										

> Ergänze: Die relative Häufigkeit für das Ergebnis ⊥ stabilisiert sich, wenn man die Anzahl der Versuche ....

12. Wirf einen Würfel insgesamt 100-mal.

Notiere alle 10 Würfe die absolute Häufigkeit für das Auftreten von **„Augenzahl 6"**.

Gib jeweils auch die relative Häufigkeit an.

Anzahl der Würfe	10	20	30	40	50	60	70	80	90	100
absolute Häufigkeit										
relative Häufigkeit (h)										

13.

Stefan und Jessica würfeln mit einem Würfel. Jessica gewinnt, wenn die Zahl ungerade ist. Stefan gewinnt, wenn die Zahl größer als 4 ist.

Sie würfeln 30-mal. Wer kann mit mehr Gewinnen rechnen? Begründe deine Vermutung.

14. Bei 420 Spielen sollen insgesamt 60 Gewinne vergeben werden. Mache einen Vorschlag, wie die Scheibe gefärbt werden müsste.

Gewinn: rot   und   Verlust: gelb

Zusätzlich sollen 180 Bonbons als Trostpreise ausgegeben werden. Wie müsste die Scheibe jetzt aussehen?

Trostpreis: grün

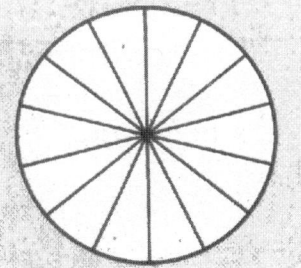
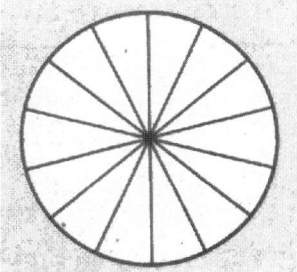

① Entscheide bei den folgenden Vorgängen, ob es sich um ein Zufallsexperiment handelt.

a) Die D-Jugend Mannschaften spielen Fußball.

b) Werfe eine 2 € Münze und ein 50 Cent Stück hoch.

c) Du beobachtest Wasser 100-mal bei –10° C.

d) Eine Firma testet Glühbirnen.

② Ein Würfel wird geworfen und die Augenzahl festgestellt.

Ergebnismenge: $\Omega = \{1, 2, 3, 4, 5, 6\}$

Gib die absoluten Häufigkeiten an und berechne dann die relative Häufigkeit für jede Augenzahl.

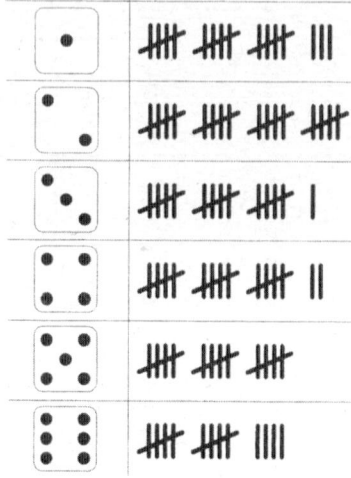

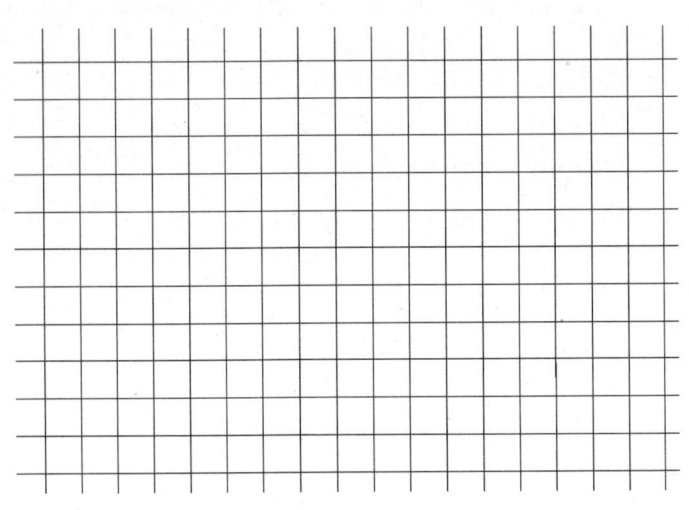

7.3 Wahrscheinlichkeit

Basisaufgabe zum selbstständigen Lernen

① a) ZE: Drehen eines Glücksrads mit drei gleich großen Sektoren (vgl. Abbildung).
Ergebnismenge: $\Omega = \{1, 2, 3\}$.

- Du führst das Experiment viele Male durch. **Dabei stabilisiert sich die zu erwartende relative Häufigkeit eines Ergebnisses. Welche Prozentzahl erwartest du für die relative Häufigkeit, dass der Zeiger auf die Zahl 1 zeigt?**

	%

- **Gib die zu erwartenden relativen Häufigkeiten, dass der Zeiger auf die Zahl 2 bzw. 3 zeigt, in Bruchschreibweise an.**

Der Zeiger zeigt auf die Zahl 2.	Der Zeiger zeigt auf die Zahl 3.

- Man möchte die Eintrittschancen **der einzelnen Drehergebnisse** durch Zahlen (**Wahrscheinlichkeiten**) beschreiben. Trage deinen Vorschlag in die Wahrscheinlichkeitstabelle **zu a)** ein.

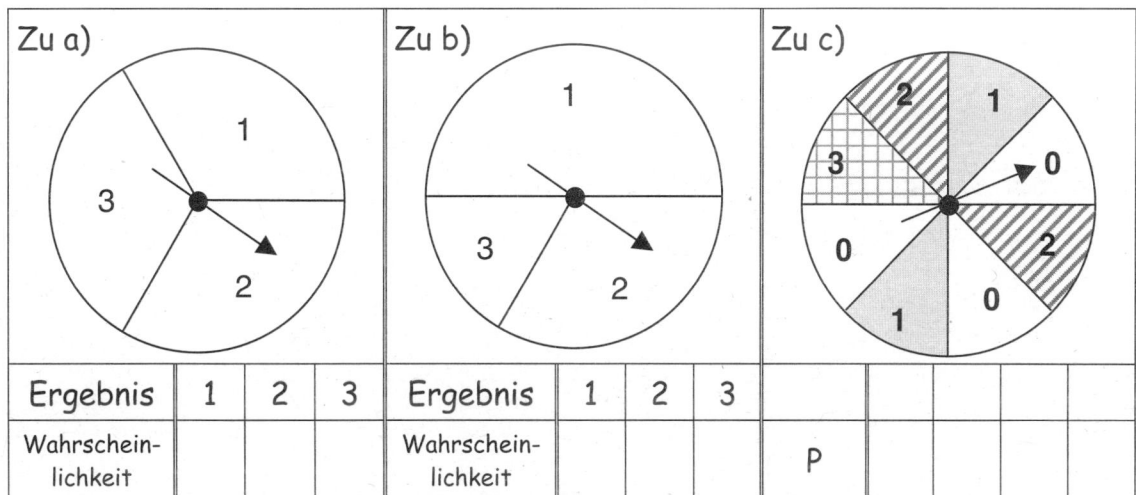

Ergebnis	1	2	3	Ergebnis	1	2	3				
Wahrscheinlichkeit				Wahrscheinlichkeit				P			

b) ZE: Drehen eines Glücksrads mit drei verschieden großen Sektoren.
- Du führst das Experiment **1200-mal** durch. Welche **absoluten** Häufigkeiten **H** erwartest du für die einzelnen Ergebnisse?

H(1)	$\approx$		H(2)	$\approx$		H(3)	$\approx$	

- **Beschreibe die Eintrittschancen der einzelnen Drehergebnisse durch Zahlen (Wahrscheinlichkeiten). Trage deine Vorschläge in die Wahrscheinlichkeitstabelle zu b) ein.**

c) **Gib die Ergebnismenge Ω an. Trage die möglichen Ergebnisse in die Wahrscheinlichkeitstabelle zu c) ein und ordne ihnen die passenden Wahrscheinlichkeiten zu. Das Symbol P (Probability) steht für Wahrscheinlichkeit.**

Fasst man **Ergebnisse** in einer Menge zusammen, so spricht man von einem **Ereignis**. Ereignisse, die nur aus einem Element bestehen, bezeichnet man als **Elementarereignisse**.

Wird ein Zufallsexperiment sehr oft (mit einer nach unendlich strebenden Anzahl) durchgeführt, so versteht man unter der **Wahrscheinlichkeit eines Ereignisses** die **vorausgesagte relative Häufigkeit** seines Eintretens.

② In einem Säckchen liegen 10 gleich große Kugeln, 5 schwarze, 3 rote und 2 grüne.

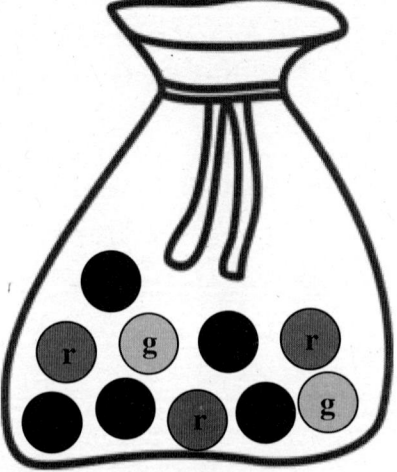

2000-mal wird eine Kugel gezogen, die Farbe notiert und die Kugel wieder in das Säckchen zurückgelegt. Welche absoluten **Häufigkeiten H** für die einzelnen Ergebnisse erwartest du?		
H(schwarz)	≈	
H(rot)	≈	
H(grün)	≈	

Lege eine sinnvolle Wahrscheinlichkeitstabelle (**Wahrscheinlichkeitsverteilung**) an.

15. a) Für jedes Glücksrad ist die Ergebnismenge $\Omega = \{a, b, c\}$.

Du führst das Experiment viele Male durch. Bestimme jeweils eine sinnvolle Wahrscheinlichkeitsverteilung.

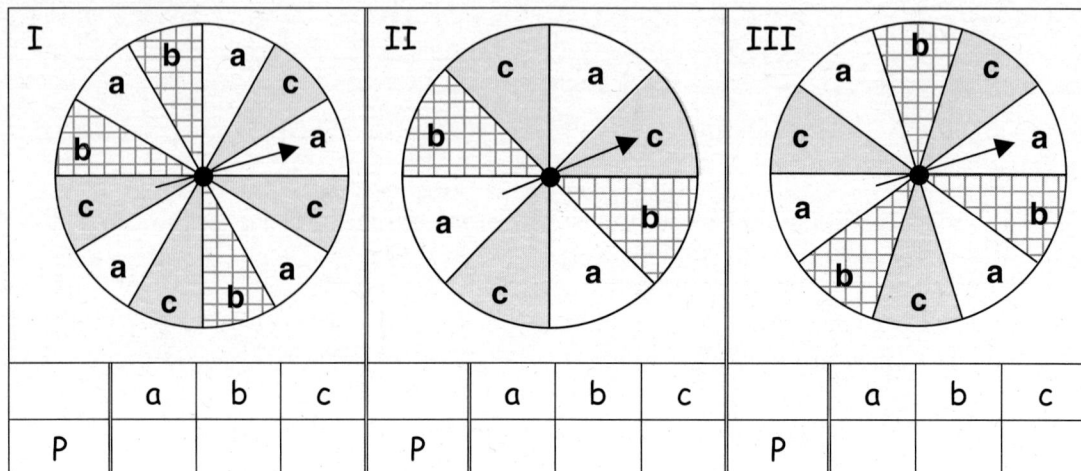

b) Welches Glücksrad bietet die beste Gewinnchance, wenn die Felder mit a gewinnen und die anderen verlieren?

c) Wie viele Gewinne kann man bei 360 Drehungen bei jedem Glücksrad erwarten?

16. Zu einem Zufallsexperiment gehören die folgenden **Bausteine**:

- eine Ergebnismenge wählen,
- eine Wahrscheinlichkeitsverteilung festlegen.

Wie gut die Bausteine die Wirklichkeit beschreiben, muss überprüft werden.

a) Für das Zufallsexperiment „Werfen eines Reißnagels und Feststellen der Lage" hat Kathrin die
folgenden Bausteine entworfen.

$$\Omega = \{\text{Rückenlage}, \text{Spitzenlage}, \text{Seitenlage}\}$$

Ergebnis	Rückenlage	Spitzenlage	Seitenlage
Wahrschein-lichkeit	$\dfrac{1}{2}$	$\dfrac{1}{10}$	$\dfrac{2}{5}$

Überprüfe experimentell, wie gut Kathrins entworfenen Bausteine die Wirklichkeit
beschreiben.

b) In einem Behälter liegen Glasmurmeln, insgesamt 6000 Stück. Peter zieht eine Murmel, stellt die Farbe fest und wirft die Murmel wieder in den Behälter zurück. Er
führt das Experiment 100-mal durch und entwirft auf dieser Grundlage für das Zufallsexperiment „Ziehen einer Glasmurmel und Feststellen der Farbe" die folgenden
Bausteine.

$\Omega = \{\text{rot}, \text{grün}, \text{weiß}\}$			
Ergebnis	rot	grün	weiß
Wahrscheinlichkeit	$\dfrac{1}{4}$	$\dfrac{1}{4}$	$\dfrac{1}{2}$

Peter hat danach die Glasmurmeln im Behälter genauer untersucht, es sind 6 blaue,
1860 rote, 1260 grüne und 2874 weiße Murmeln.

Warum liefern Peters Bausteine eine schlechte Beschreibung der Wirklichkeit?

Woran könnte diese unzureichende Beschreibung liegen?

Fertige einen passenden Neuentwurf der Bausteine des Zufallsexperiments an.

17. Wir betrachten folgendes Zufallsexperiment:
Eine Urne enthält 6 gleichartige Kugeln, drei
weiße, zwei graue und eine schwarze. Eine Kugel
wird blind gezogen, ihre Farbe festgestellt und
dann wieder zurückgelegt.

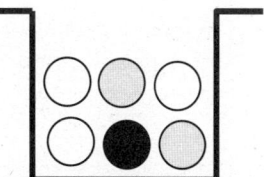

Mögliche Ergebnisse: w =   Die gezogene Kugel ist   .

                       g =   Die gezogene Kugel ist   .

                       s =   Die gezogene Kugel ist   .

Ergebnismenge Ω: Ω = ⬚⬚⬚⬚⬚

Ergebnis	w	g	s	Summe
Wahrscheinlichkeit				

Ergänze.   **Addiert man die Wahrscheinlichkeiten der Ergebnisse (Elementarereignisse), so erhält man immer ………… .**

Begründe, warum es sich bei folgender Tabelle um keine Wahrscheinlichkeitsverteilung handelt.

Ergebnis	a	b	c	d
Wahrscheinlichkeit	0,35	0,25	0,18	0,12

18. ZE: Drehen eines Glücksrads mit sieben Sektoren (vgl. Abbildung).

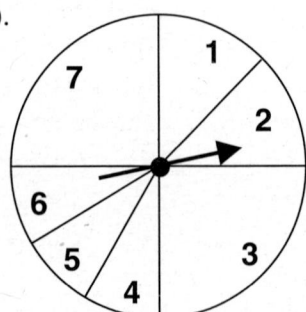

a) Gib eine passende Wahrscheinlichkeitsverteilung des ZE an.

Sektor	1	2	3	4	5	6	7
P							

Bilde zur Überprüfung die Summe der Wahrscheinlichkeiten P.

b) Betrachte das Ereignis A: Der Zeiger bleibt im Sektor 4, 5 oder 6 stehen.

- Du führst das Experiment viele Male durch. Beschreibe den Anteil der Versuche, bei denen du das Eintreten des Ereignisses A erwartest, mit einer Bruchzahl.

- Das Ereignis A wird dabei mit einer gewissen **Wahrscheinlichkeit $P(A)$** eintreten. Welche Festlegung ist sinnvoll?

  $P(A)$ =

- Welcher Zusammenhang besteht zwischen $P(A)$ und den Wahrscheinlichkeiten der zu A gehörenden Ergebnisse?

c) Betrachte das Ereignis B: Der Zeiger bleibt bei 3 oder 4 stehen.
Führe für das Ereignis entsprechende Überlegungen durch.

Die Wahrscheinlichkeit $P(A)$ eines Ereignisses A ist die Summe der Wahrscheinlichkeiten aller Ergebnisse, bei denen das Ereignis A eintritt.

19. Wird ein Würfel durch eine Gewichtsverteilung so manipuliert, dass gewisse Ergebnisse wahrscheinlicher sind als andere, so spricht man von einem „gezinkten Würfel".

Umfangreiche Versuchsreihen beim „Werfen eines gezinkten Würfels" führen zu folgender Wahrscheinlichkeitsverteilung:

Ergebnis	1	2	3	4	5	6
Wahrscheinlichkeit	0,25	0,35	0,18	0,15	0,05	0,02

a) Bestätige, dass es sich um eine Wahrscheinlichkeitsverteilung handelt.

b) Bestimme die Wahrscheinlichkeit für das Ereignis „Die Augenzahl ist gerade".

c) Tim und Tom machen aus dem Zufallsexperiment ein Glücksspiel. Tim gewinnt 10 €, falls eine ungerade Zahl gewürfelt wird, andernfalls gewinnt Tom 10 €. Ist das Spiel fair? Begründe.

20. Beim Werfen eines idealen Würfels gilt folgende Wahrscheinlichkeitsverteilung

Ergebnis	1	2	3	4	5	6
Wahrscheinlichkeit	$\frac{1}{6}$	$\frac{1}{6}$	$\frac{1}{6}$	$\frac{1}{6}$	$\frac{1}{6}$	$\frac{1}{6}$

a) Bestimme die Wahrscheinlichkeit für das Ereignis „Die Augenzahl ist kleiner als 7".

b) Bestimme die Wahrscheinlichkeit für das Ereignis „Die Augenzahl ist 0".

c) Die Wahrscheinlichkeit des Ereignisses „Die Augenzahl ist durch 3 teilbar" beträgt $\frac{1}{3}$.

Wie groß ist die Wahrscheinlichkeit für das Ereignis „Die Augenzahl ist nicht durch 3 teilbar"?

Merke

1.	Ein Ereignis, das bei jedem Versuch eintritt, heißt **sicheres Ereignis**. Seine Wahrscheinlichkeit ist 1.
2.	Ein Ereignis, das bei keinem Versuch eintritt, heißt **unmögliches Ereignis**. Seine Wahrscheinlichkeit ist 0.
3.	Das Gegenereignis von A tritt immer dann ein, wenn das Ereignis A nicht eintritt. Seine Wahrscheinlichkeit ist 1 – P(A).

21. Auf der Kirmes wird das Glücksrad mit den Zahlen 1 bis 50 gedreht. Durch die folgende Tabelle wird die für das „Drehen des Glücksrads" zulässige Wahrscheinlichkeitsverteilung angegeben.

Ergebnis	1	2	3	•••	•••	•••	•••	48	49	50
Wahrscheinlichkeit	$\frac{1}{50}$	$\frac{1}{50}$	$\frac{1}{50}$	$\frac{1}{50}$	$\frac{1}{50}$	$\frac{1}{50}$	$\frac{1}{50}$	$\frac{1}{50}$	$\frac{1}{50}$	$\frac{1}{50}$

Bestimme mithilfe der Wahrscheinlichkeitsverteilung die Wahrscheinlichkeit folgender Ereignisse.

a) Ereignis A: „Die gedrehte Zahl endet auf 2." $P(A) =$

b) Ereignis B: „Die gedrehte Zahl beginnt mit der Ziffer 4". $P(B) =$

c) Ereignis C. „Die gedrehte Zahl hat die Quersumme 6". $P(C) =$

d) Ereignis D: „Die gedrehte Zahl ist ein Teiler von 30". $P(D) =$

e) Ereignis E: „Die gedrehte Zahl ist kein Teiler von 30". $P(E) =$

Formuliere ein sicheres bzw. ein unmögliches Ereignis.

22. ZE: Kartenziehen und Feststellen der Kartenart.

Christian hält das folgende Kartenblatt in seiner Hand. Sein Freund Max sitzt ihm gegenüber, ohne dass er die Karten einsehen kann.

Max zieht aus dem Kartenblatt eine Karte, notiert sich die Kartenart, steckt die Karte wieder zurück und Christian mischt die Karten wieder neu.

Um sich die Zeit zu vertreiben, spielen sie dieses Spiel stundenlang.

Folgende Tabelle ist entstanden.

Kartenart	Bauer	König	7	10	Ass
Anzahl	148	42	99	103	98

a) Entwerfe auf der Grundlage dieser Ergebnisse eine passende Wahrscheinlichkeitsverteilung für das Zufallsexperiment „Kartenziehen und Feststellen der Kartenart".

b) Bestimme die Wahrscheinlichkeit für das Ereignis A: „Die gezogene Kartenart ist ein Bild". $P(A) =$

c) Bestimme die Wahrscheinlichkeit für das Ereignis B: „Die gezogene Kartenart ist kein Ass".

$P(B) =$

d) Formuliere ein Ereignis C, das dieselbe Wahrscheinlichkeit hat wie das Ereignis A.

e) Mache eine Voraussage für die Anzahl der gezogenen Kartenart „7", wenn das Zufallsexperiment 2000-mal durchgeführt wird.

$H(7) =$

23. In einem Vergnügungspark befindet sich ein Glücksrad, das in fünf Sektoren mit den Nummern 1, 2, 3, 4 und 5 eingeteilt ist. Die Sektoren haben der Reihe nach die Mittelpunktswinkel 45°, 45°, 60°, 90° und 120°. Am Glücksrad befindet sich ein Sensor, der bei jeder Drehung festhält, in welchem Sektor der Zeiger stehen bleibt.

a) Zeichne das Glücksrad und trage die Nummern in die entsprechenden Sektoren ein.

b) Nach einem Jahr werden die Ergebnisse ausgewertet und folgende Wahrscheinlichkeitsverteilung angefertigt.

Nummer	1	2	3	4	5
Wahrscheinlichkeit	$\frac{1}{8}$	$\frac{1}{8}$		$\frac{1}{4}$	$\frac{1}{3}$

Begründe, warum man mit diesen eingetragenen Wahrscheinlichkeiten einverstanden sein kann.

Bestimme die fehlende Wahrscheinlichkeit für die Nummer 3.

c) Berechne die Wahrscheinlichkeiten folgender Ereignisse.

- A: Der Zeiger bleibt auf einer geraden Nummer stehen.
- B: Der Zeiger bleibt im Sektor 3, 4 oder 5 stehen.

24. Eine Urne enthält 16 Kugeln: 1 blaue, 4 gelbe, 6 rote, 3 schwarze und 2 weiße. Julia zieht eine Kugel, stellt ihre Farbe fest und legt sie wieder in die Urne.

a) Entwerfe eine passende Wahrscheinlichkeitsverteilung.

b) Mit welcher Wahrscheinlichkeit treten folgende Ereignisse ein?

A: Die gezogene Kugel ist rot oder blau.
B: Die gezogene Kugel ist nicht rot.
C: Die gezogene Kugel ist weder blau noch gelb.

c) Formuliere ein unmögliches Ereignis.

d) Silvester hat eine rote Kugel gezogen, die er aber nicht mehr in die Urne zurücklegt.

Gib jetzt die Wahrscheinlichkeiten der Ereignisse A, B und C an.

① Aus welcher Trommel würdest du ein Los ziehen?

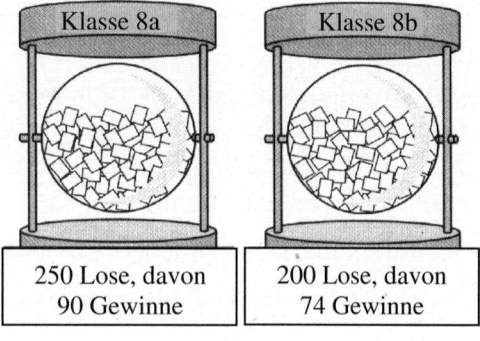

Klasse 8a

Klasse 8b

250 Lose, davon
90 Gewinne

200 Lose, davon
74 Gewinne

	Gewinne	Anzahl der Lose	Wahrscheinlichkeit		
			als Bruch	als Dezi-malbruch	in Prozent
Trommel 8a					
Trommel 8b					

② In einem Behälter sind weiße und schwarze Kugeln. Die Gesamtzahl der Kugeln ist 72 und die Wahrscheinlichkeit, eine weiße Kugel zu ziehen beträgt

a) $\dfrac{3}{8}$ b) $\dfrac{1}{4}$. Wie viele weiße und schwarze Kugeln sind in dem Behälter?   ☹ ☺ ☺

③ Gib jeweils die Ergebnismenge Ω an.   ☹ ☺ ☺

   a)   Eine Münze wird geworfen.

   b)   Ein Glücksrad mit 8 Feldern (1 - 8) wird gedreht.

   c)   Aus einer Urne mit schwarzen, roten und gelben Kugeln wird eine Kugel entnommen.

   d)   Die erste Kugel wird bei der Ziehung der Lottozahlen entnommen.

④ Das abgebildete Glücksrad hat drei Sektoren in den Farben rot, schwarz und weiß. Du drehst das Glücksrad und stellst fest, wo der Zeiger stehen bleibt.

   a)   Gib die Ergebnismenge an.

   b)   Gib die Wahrscheinlichkeit für die folgenden Ereignisse an.
   • Der Zeiger bleibt auf dem roten Feld stehen.
   • Der Zeiger bleibt auf dem weißen oder roten Feld stehen.

   c)   Wähle selbst zwei weitere Ereignisse.

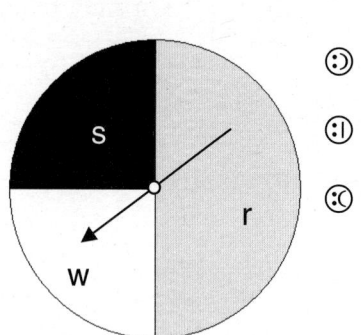

7.4 Laplace-Experimente

Basisaufgabe zum selbstständigen Lernen

① Bei einem Würfel kann man annehmen,

dass jede der sechs verschiedenen Augenzahlen mit der gleichen Wahrscheinlichkeit auftritt.

Mit welcher Wahrscheinlichkeit treten die einzelnen Ergebnisse jeweils ein?

Bei der abgebildeten Urne mit vier Kugeln kann man  annehmen, dass jede der vier Kugeln mit der gleichen Wahrscheinlichkeit gezogen wird.

Mit welcher Wahrscheinlichkeit treten die einzelnen Ergebnisse jeweils ein?

② Bei den abgebildeten Zufallsexperimenten (ZE) kann man ebenfalls annehmen, dass jedes einzelne Ergebnis mit der gleichen Wahrscheinlichkeit eintritt. Ergänze jeweils.

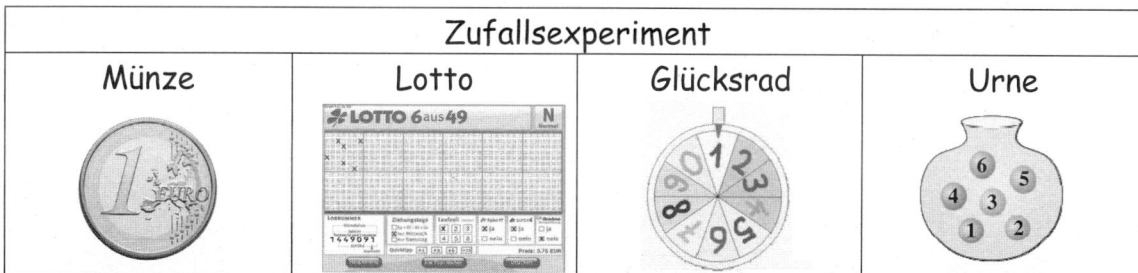

Zufallsexperiment			
Münze	Lotto	Glücksrad	Urne

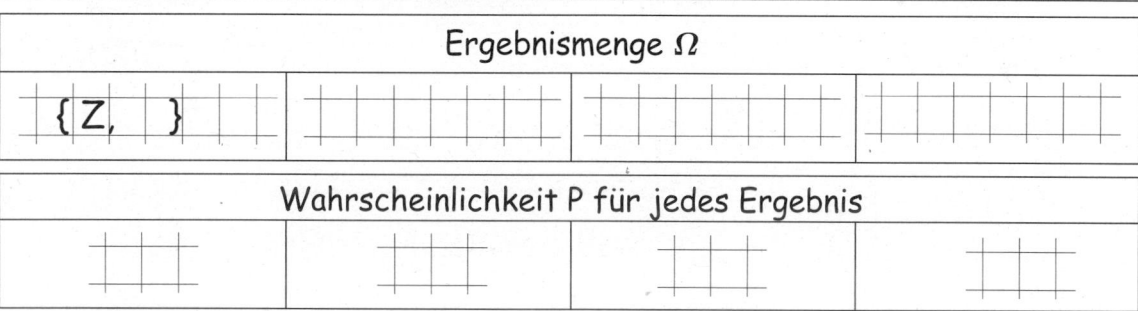

Ergebnismenge Ω

$\{Z, \quad\}$

Wahrscheinlichkeit P für jedes Ergebnis

③

- Ein Zufallsexperiment, bei dem alle Ergebnisse gleichwahrscheinlich sind, heißt **Laplace-Experiment**.
- Gibt es n verschiedene Ergebnisse, die gleichwahrscheinlich sind, dann ist die Wahrscheinlichkeit für jedes Ergebnis $\frac{1}{n}$.

Dieses einfache Rechenmodell zur Bestimmung von Wahrscheinlichkeiten gleichwahrscheinlicher Ergebnisse ohne die Bestimmung eines stabilen Wertes für die relative Häufigkeit eines Ergebnisses, geht auf Simon De Laplace (1749 - 1827) zurück.

25. Ein Glücksrad ist in fünf gleich große Sektoren aufgeteilt.
Der Zeiger wird gedreht.

a)   Gib die Ergebnismenge Ω an.

b)   Mit welcher Wahrscheinlichkeit P treten die einzelnen Ergebnisse jeweils ein?

c)   Das Glücksrad wird 300-mal gedreht. Wie oft tritt etwa jedes Ergebnis auf?

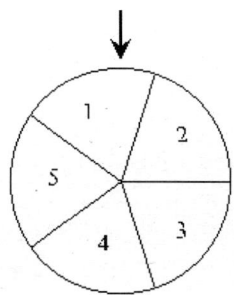

Basisaufgabe zum selbstständigen Lernen

④   ZE: Man dreht nebenstehendes Glücksrad und stellt fest, auf welcher Zahl der Zeiger stehen bleibt.

a) Bestimme die Bausteine des ZE.

- Ergebnismenge Ω:

- Wahrscheinlichkeitsverteilung.
  Wie groß ist die Wahrscheinlichkeit für jedes einzelne Ergebnis?

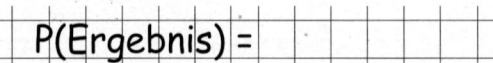

b)   **Ereignis A:** Der Zeiger bleibt auf einer Primzahl stehen.

   Zugehörige Menge: $A = \{$ $\}$

   Elementanzahlen: $\Omega =$ $;$ $A =$

> Sind alle Ergebnisse gleich wahrscheinlich, dann gilt für die Wahrscheinlichkeit P eines Ereignisses:
>
> $$P(A) = \frac{\text{Anzahl der für A günstigen Ergebnisse}}{\text{Anzahl der möglichen Ergebnisse}}$$

c)   Berechne die Wahrscheinlichkeit für das Ereignis A.

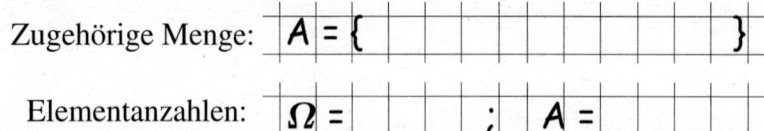

d)   Ereignis B: Der Zeiger bleibt in einem dunklen Feld stehen.

   Bestimme die Wahrscheinlichkeit des Ereignisses.

26. In einer Urne befinden sich sechzig von 1 bis 60 durchnummerierte Kugeln. Du ziehst eine Kugel mit Zurücklegen und stellst ihre Nummer fest.

Bestimme die Bausteine des ZE.

Ergebnismenge Ω:

Wahrscheinlichkeitsverteilung: Alle Ergebnisse sind

Berechne die Wahrscheinlichkeit für folgende Ereignisse.

   a)   Ereignis A: Die Kugel trägt eine Nummer, die durch 10 teilbar ist.

   b)   Ereignis B: Die Kugel ist durch 4 und durch 5 teilbar.

   c)   Ereignis C: Die Kugel ist ein Vielfaches von 8 oder von 7.

27. a)   Bestimme die Bausteine des Zufallsexperiments „Würfeln mit einem Dodekaeder (Zwölfflach) und Feststellen der Augenzahl."

   b)   Berechne die Wahrscheinlichkeit folgender Ereignisse.

      A: Die Augenzahl ist eine Primzahl.

      B: Die Augenzahl ist mindestens 10.

   c)   Berechne die Wahrscheinlichkeit für zwei selbst gewählte Ereignisse.

   d)   Martin interessiert sich für das Ereignis: "Die Augenzahl ist kleiner als 8". Er würfelt 210-mal. Wie oft wird das Ereignis in der Versuchskette ungefähr eintreten?

28. Unter den Zahlen von 1 bis 50 wird zufällig eine Zahl ausgewählt. Wie groß ist die Wahrscheinlichkeit, dass diese Zahl

   a)   ein Vielfaches von 8 ist?   b)   ein Vielfaches von 6 ist?

   c)   ein Vielfaches von 8 und 6 ist?   d)   ein Vielfaches von 8 oder 6 ist?

29.

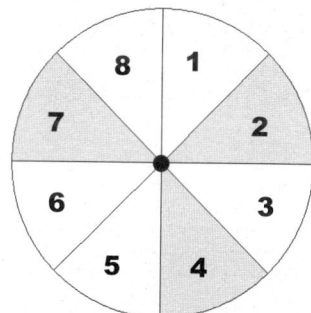

Beim Spiel mit dem Glücksrad kann man auf Zahl oder auf Farbe setzen. Mit welcher Wahrscheinlichkeit gewinnt man, wenn man

   a)   auf Grau,   b)   auf Weiß,

   c)   auf die Zahl 7   d)   auf eine gerade Zahl setzt?

30. In einer Urne befinden sich fünfzig von 20 bis 69 durchnummerierte Kugeln. Man zieht eine Kugel und stellt ihre Nummer fest. Wie groß ist die Wahrscheinlichkeit, dass die Quersumme der Kugelnummer größer als 12 ist.

31. Aus dem Wort „Donaudampfschifffahrtsgesellschaft" wird ein Buchstabe zufällig ausgewählt. Berechne die Wahrscheinlichkeit, dass der Buchstabe

a) ein f ist.   b) ein e oder f ist.

c) ein Vokal ist.   d) ein Vokal oder Konsonant ist.

32. Aus dem Wort „SCHULZEIT" wird zufällig ein Buchstabe ausgewählt. Berechne die Wahrscheinlichkeit, dass der Buchstabe

a) ein Vokal ist.   b) ein Konsonant ist.

c) ein Umlaut ist.   d) ein Vokal oder Konsonant ist.

33. Ein Rommé-Spiel besteht aus 2 x 52 Karten und 6 Jokern; man unterscheidet die vier Farben Kreuz, Pik, Herz und Karo und die 13 Werte 2, 3, 4, 5, 6, 7, 8, 9, 10, Bube, Dame, König, Ass. Du ziehst eine Karte aus dem Kartenstapel.

Wie groß ist die Wahrscheinlichkeit, dass die Karte

a) ein Joker ist?   b) eine Pik-Karte ist?

c) eine Bildkarte (Bube, Dame oder Kö-   d) kein Ass ist?
    nig) ist?

34. Zwei Münzen werden gleichzeitig geworfen. Bestimme die Ergebnismenge Ω.

a) Bestimme die Wahrscheinlichkeit, dass beide Münzen auf dieselbe Seite fallen.

b) Gib ein Ereignis an, das die gleiche Wahrscheinlichkeit wie a) hat.

35. Du besitzt zwei ideale Würfel; die beiden Würfel werden gleichzeitig geworfen.

Aus wie vielen Ergebnissen besteht die Ergebnismenge Ω? Ergänze dafür folgende Übersicht.

(1 / 1)	(1 / 2)	(1 / 3)	(1 / 4)	(1 / 5)	(1 / 6)
(2 / 1)					

Berechne die Wahrscheinlichkeit, dass

a) gleiche Augenzahlen vorkommen.   b) die Summe der Augenzahlen 7 ist.

c) die Summe der Augenzahlen größer   d) die Summe der Augenzahlen kleiner
    als 10 ist.   als 2 ist.

① Bei einem Schulfest hat sowohl die Klasse 8a als auch die Klasse 8b ein Glücksrad mit 55 gleich großen Sektoren aufgebaut. Auf beiden Glücksrädern sind die Zahlen 10 bis 66 notiert. Bei der Klasse 8a gewinnen die Zahlen, die auf 5 enden, bei der 8b gewinnen alle Zahlen, die mit 5 beginnen.
An welchem Rad würdest du spielen? Begründe deine Entscheidung. ☹ ☺ ☺

② a) Gib die Bausteine des folgenden Zufallsexperimentes an:
"Würfeln mit einem Ikosaeder (= zwanzigseitiger Würfel) und Feststellen der Augenzahl.

   b) Berechne die Wahrscheinlichkeit folgender Ereignisse:
   • A: Die Augenzahl ist durch 4 teilbar.
   • B: Die Quersumme der Augenzahl ist größer als 6.
   • C: Die Augenzahl ist eine Primzahl.

   c) Peter interessiert sich für das Ereignis D: „Die Augenzahl ist kleiner als 13". Er würfelt 250-mal. Wie oft wird das Ereignis in der Versuchsreihe ungefähr eintreten?

③ In der Tabelle ist die Wahrscheinlichkeit für verschiedenfarbige Kugeln angegeben. Wie viele Kugeln von jeder Farbe müssten mindestens in der Urne sein? ☹ ☺ ☺

a)

Farbe	Blau	Gelb	Rot	Weiß
Wahrscheinlichkeit P	$\frac{1}{4}$	$\frac{2}{5}$	$\frac{3}{20}$	$\frac{2}{10}$
Anzahl der Kugeln				

b)

Farbe	Rot	Grün	Gelb	Blau
Wahrscheinlichkeit P	$\frac{3}{8}$	$\frac{7}{20}$	$\frac{1}{5}$	$\frac{3}{40}$
Anzahl der Kugeln				

④ Aus der Urne wird eine Kugel gezogen. ☹ ☺ ☺

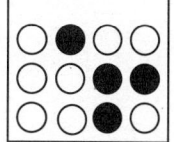

   a) Wie groß ist die Wahrscheinlichkeit, dass die Kugel weiß ist?

   b) Die gezogene weiße Kugel wird nicht zurückgelegt. Es wird eine weitere Kugel gezogen. Wie groß ist die Wahrscheinlichkeit, dass diese Kugel schwarz ist?

7.5 Mehrstufige Zufallsexperimente

Basisaufgabe zum selbstständigen Lernen

① In einer Urne liegen eine blaue (**b**), eine grüne (**g**) und eine rote (**r**) Kugel. Du nimmst eine Kugel heraus, stellst ihre Farbe fest und legst sie anschließend wieder in die Urne zurück. Diesen Versuch führst du zweimal durch. Es handelt sich um ein zweistufiges Zufallsexperiment.

a) Stelle im vorbereiteten Baum dar, welche Versuchsergebnisse möglich sind.

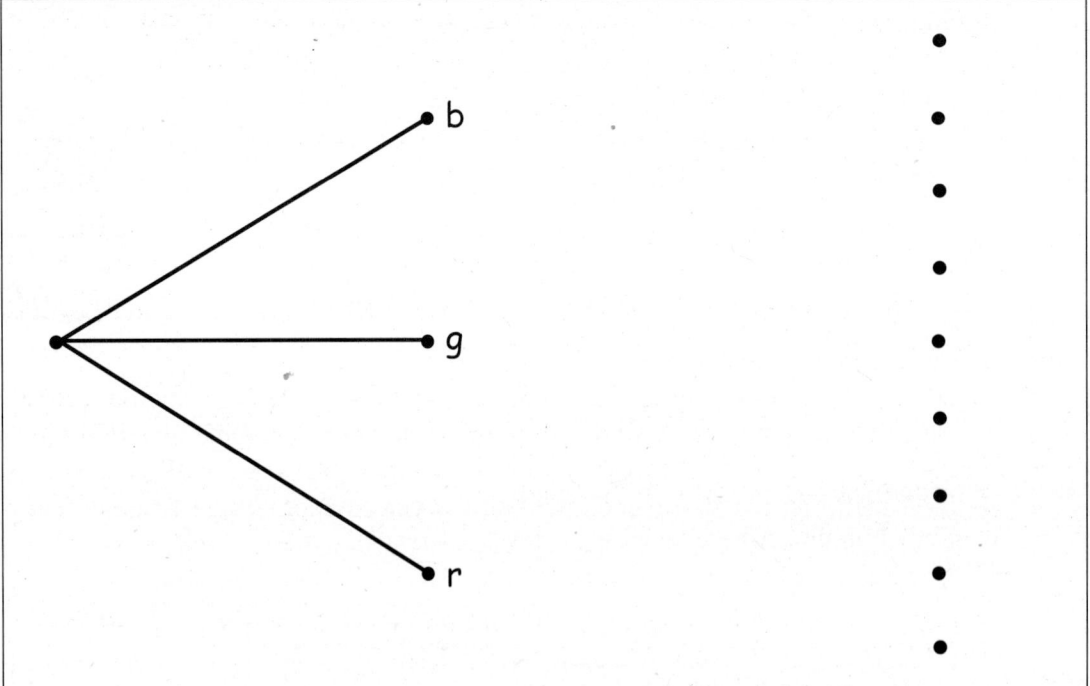

b) Die Versuchsergebnisse lassen sich als **Paare** beschreiben. Gib die Ergebnismenge an.

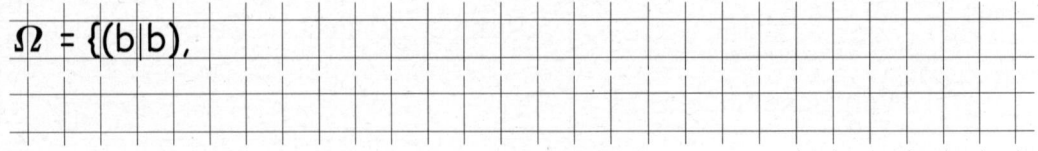

$\Omega = \{(b|b),$

c) Mit welcher Wahrscheinlichkeit tritt jedes Ergebnis ein?

36. Ein Glücksrad mit den Feldern blau, gelb und rot wird zweimal gedreht. Es handelt sich um ein **zweistufiges** Zufallsexperiment.

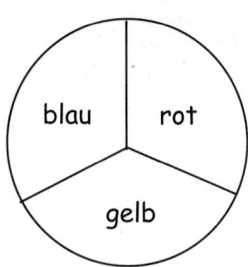

a) Vervollständige das Baumdiagramm.

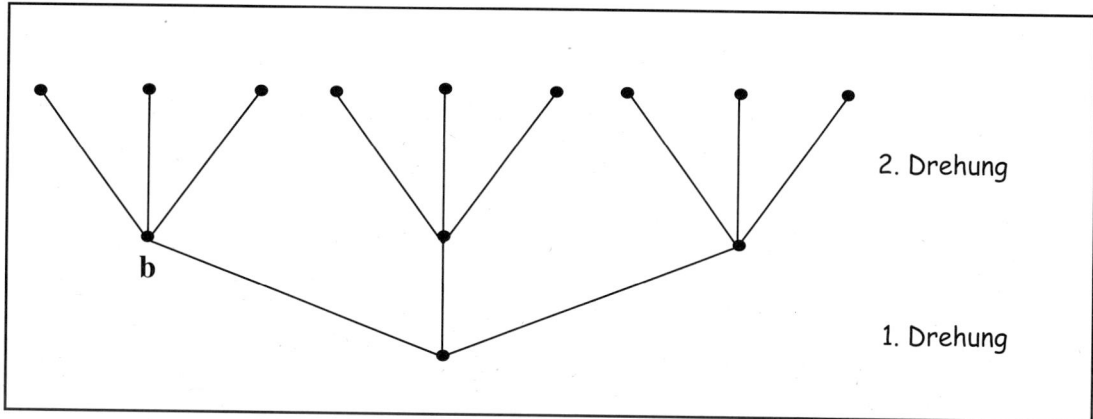

b) Die Versuchsergebnisse lassen sich als Paare beschreiben. Gib die Ergebnismenge an.

$\Omega = \{$

c) Mit welcher Wahrscheinlichkeit tritt jedes Ergebnis ein?

Basisaufgabe zum selbstständigen Lernen

② Eine Münze wird dreimal hintereinander geworfen und festgestellt, ob Wappen (W) oder Zahl (Z) oben liegt. Es handelt sich um ein **dreistufiges** Zufallsexperiment.

a) Stelle mithilfe des Baumes dar, welche Versuchsergebnisse möglich sind.

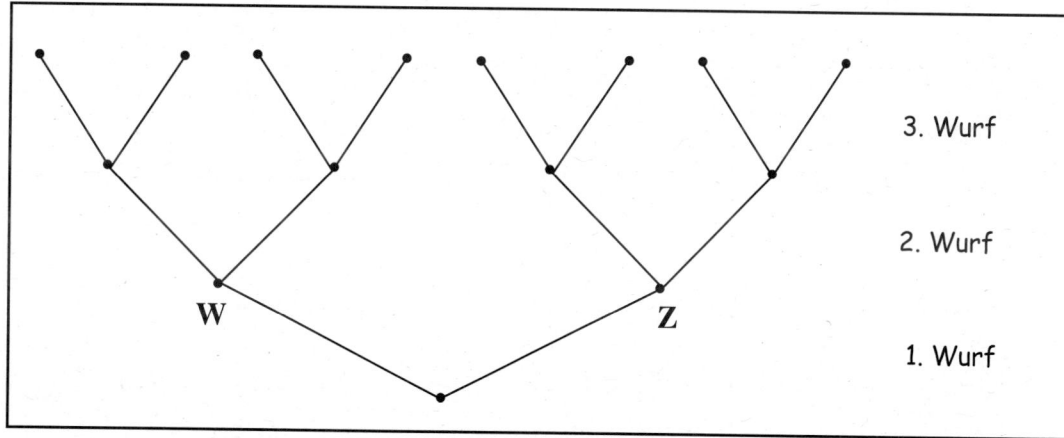

b) Die Versuchsergebnisse lassen sich durch **Tripel** beschreiben. Gib die Ergebnismenge an.

$\Omega = \{(W|W|W),$

c) Mit welcher Wahrscheinlichkeit tritt jedes Ergebnis ein?

d) Alle Ergebnisse sind gleich wahrscheinlich, das ZE ist also ein Laplace-Experiment.

Ereignis A: Zahl (Z) liegt genau zweimal oben.

Rahme in der Ergebnismenge die Ergebnisse ein, die zu dem Ereignis A gehören.

Ergebnisse, die zu A gehören: 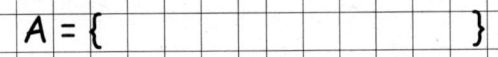 $A = \{ \quad\quad\quad\quad\quad \}$

Anzahl der Ergebnisse: $\Omega = \quad\quad ; \quad A =$

e) Berechne die Wahrscheinlichkeit für das Ereignis A.

$$P(A) = \frac{\quad\quad}{\quad\quad}$$

37. In einer Urne sind drei Kugeln, die mit 1, 3 und 5 beschriftet sind. Du ziehst eine Kugel, stellst ihre Zahl fest und legst sie anschließend **nicht** wieder in die Urne zurück. Diesen Versuch führst du zweimal durch. Es handelt sich um ein **zweistufiges** Zufallsexperiment.

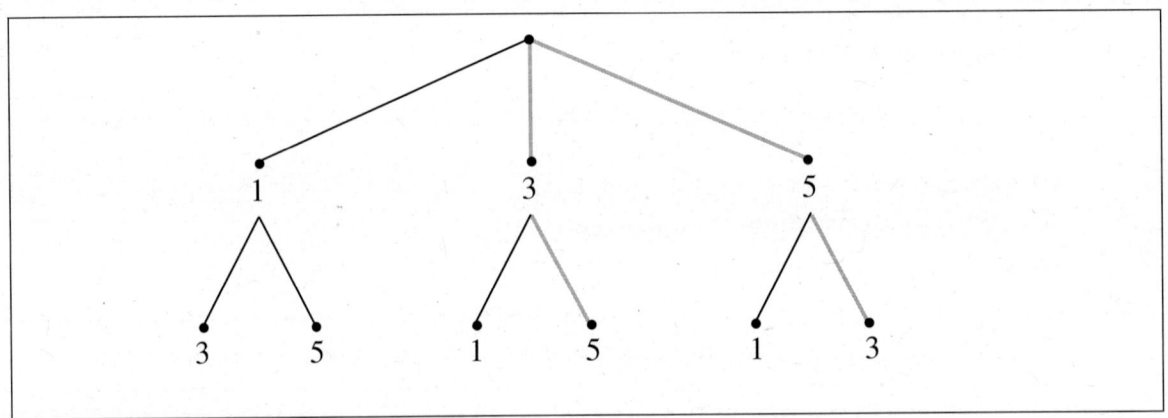

a) Anzahl der möglichen Ergebnisse:

b) Ereignis A: Das Produkt der Augenzahlen ist größer als 5.

   • Notiere die Ergebnisse, die zu dem Ereignis A gehören.

   • Anzahl der für A günstigen Ergebnisse:

c) Wahrscheinlichkeit:

$$P(A) = \frac{\quad\quad}{\quad\quad}$$

38. 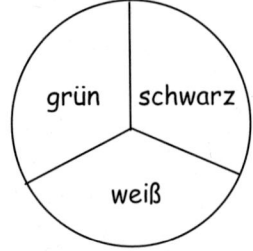 Das Glücksrad hat drei Felder mit den Farben schwarz, weiß und grün. Es wird zweimal gedreht.

a) Zeichne einen Baum, der alle Versuchsergebnisse beinhaltet.

b) Ereignis A: Der Zeiger muss mindestens einmal auf einem grünen Feld stehen bleiben.

c) Berechne die Wahrscheinlichkeit für das Ereignis A.

39. Um die Klassenkasse aufzubessern, hat sich die 8a für das Schulfest ein Glücksspiel ausgedacht: Man zieht aus der abgebildeten Urne eine Kugel, stellt die Augenzahl fest und legt sie anschließend **nicht** wieder in die Urne zurück. Diesen Versuch führt man zweimal durch. Man bekommt den doppelten Einsatz ausbezahlt, wenn die Augensumme mindestens 6 ist.

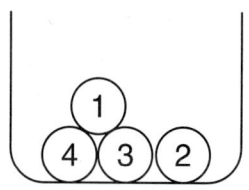

a) Vervollständige den Ergebnisbaum und notiere die möglichen Ergebnisse in der Ergebnismenge Ω.

$$\Omega =$$

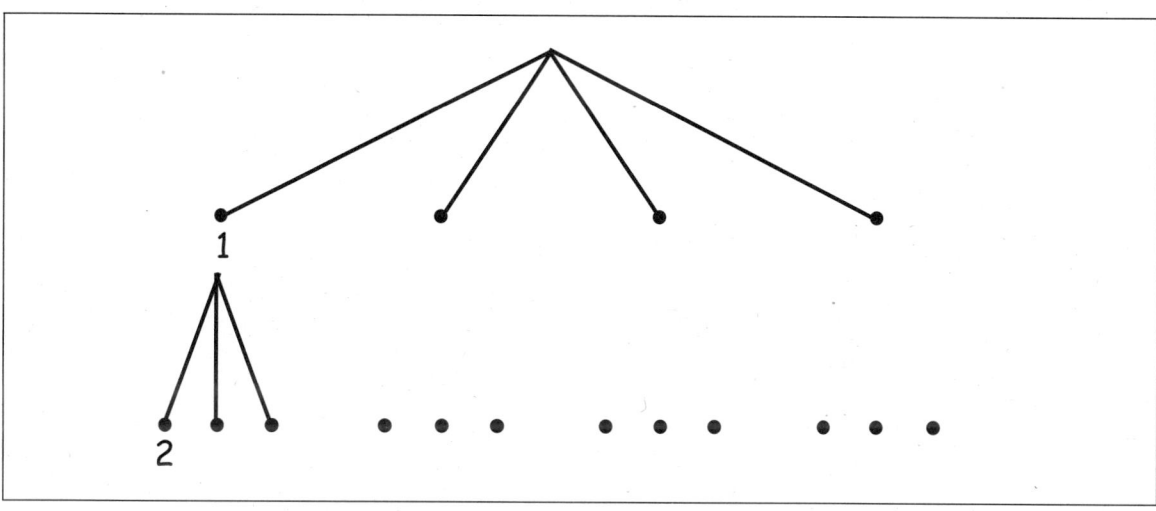

b) Rahme die Ergebnisse ein, die zum Ereignis „Augensumme mindestens 6" gehören.

c) Beschreibe das Ereignis durch eine Menge.

d) Berechne die Gewinnwahrscheinlichkeit.

e) Der Klassenlehrer spielt 30-mal. Sein Einsatz beträgt jedes Mal 1 €. Wie hoch wird ungefähr nach diesen 30 Spielen sein Gewinn sein?

f) Kann die Klasse auf lange Sicht mit diesem Glücksspiel ihre Klassenkasse aufbessern? Begründe deine Entscheidung.

g) Der Klassensprecher der Klasse 8a behauptet: „Wenn der Spieler bei unserem Glücksspiel die Kugel wieder in die Urne zurücklegt, dann ist das günstiger für uns." Prüfe diese Behauptung nach und begründe deine Entscheidung durch eine Rechnung.

7.6 Produktregel

Basisaufgabe zum selbstständigen Lernen

① 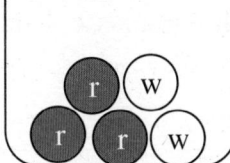 In einer Urne liegen 3 rote und zwei weiße Kugeln. Man zieht zweimal nacheinander eine Kugel mit Zurücklegen und stellt ihre Farbe fest.
Julian und Kevin haben den Ereignisbaum gezeichnet und die Ergebnismenge aufgeschrieben.

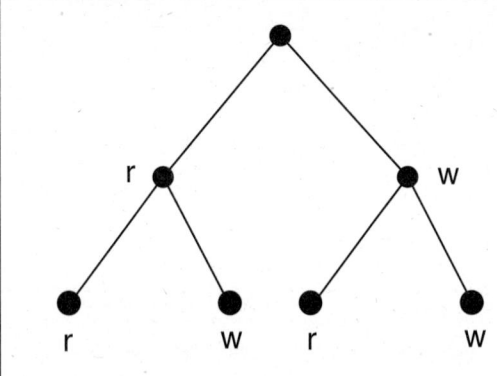

Ergebnismenge:

$$\Omega = \{ (r|r), (r|w), (w|r), (w|w) \}$$

a) Julian betrachtet den Ergebnisbaum und die Ergebnismenge und sagt: „Die Ergebnisse sind alle **gleichwahrscheinlich**." Was könnte ihn zu dieser Aussage bewegt haben? Was meinst du dazu?

b)    Der Kater weiß Rat und erklärt. Vervollständige seine Strategie.

- In der Urne liegen insgesamt ⬚⬚ Kugeln.

- Von allen Kugeln in der Urne sind ⬚⬚ Kugeln rot und ⬚⬚ Kugeln weiß.

- Die Wahrscheinlichkeit, eine rote Kugel zu ziehen, beträgt demnach ⬚⬚.

- Die Wahrscheinlichkeit, eine weiße Kugel zu ziehen, beträgt demnach ⬚⬚.

$$P(r) = \frac{\square}{\square} \qquad P(w) = \frac{\square}{\square}$$

$$P(r|w) = \frac{\square}{\square} \cdot \frac{\square}{\square} = \frac{\square}{\square}$$

Die Wahrscheinlichkeiten werden multipliziert.

- Bringe die beiden Erkenntnisse im Ergebnisbaum ein. Vervollständige den Baum.

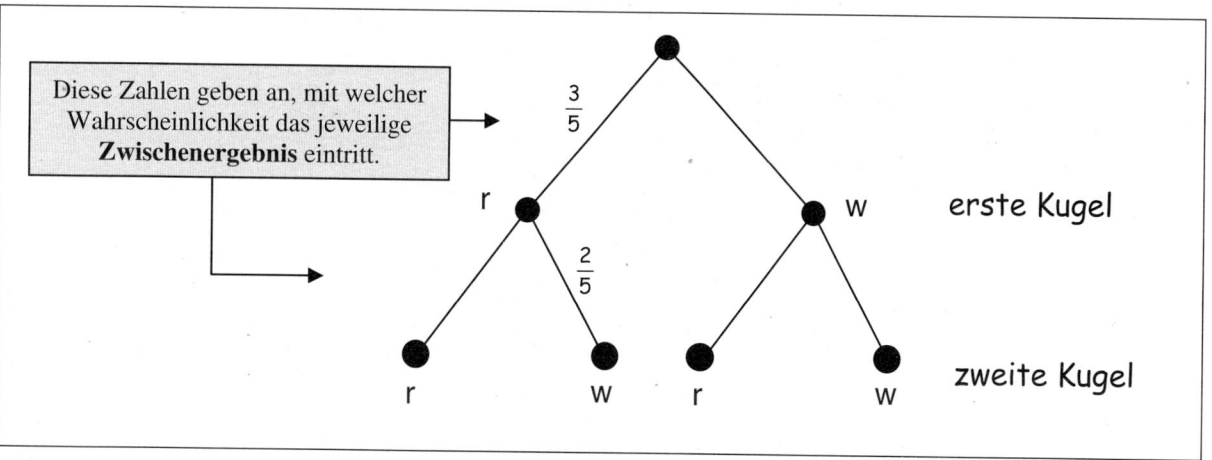

c) Kevin fragt: „Wie groß ist eigentlich die Wahrscheinlichkeit, dass die erste Kugel weiß und die zweite Kugel rot ist [P($w|r$)] ?"

Hier ein Weg:

- Markiere den Weg im Baum, der zu dem Ergebnis gehört.

- Multipliziere die Wahrscheinlichkeiten entlang des Pfades.

$$P(w|r) = \underline{\qquad} \cdot \underline{\qquad} = \underline{\qquad}$$

d) Gib die Wahrscheinlichkeitsverteilung für das ursprüngliche ZE an.

Ergebnis	(r|r)	(r|w)	(w|r)	(w|w)
Wahrscheinlichkeit				

40.

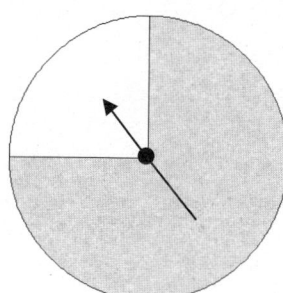

Das abgebildete Glücksrad wird zweimal gedreht und es wird festgestellt, in welchen Sektoren der Zeiger stehen bleibt (d = dunkel, h = hell).

a) Gib die Ergebnismenge an.

$$\Omega = \{ \underline{\qquad\qquad\qquad} \}$$

b) Ergänze den Ergebnisbaum und gib die Wahrscheinlichkeitsverteilung für das ZE an.

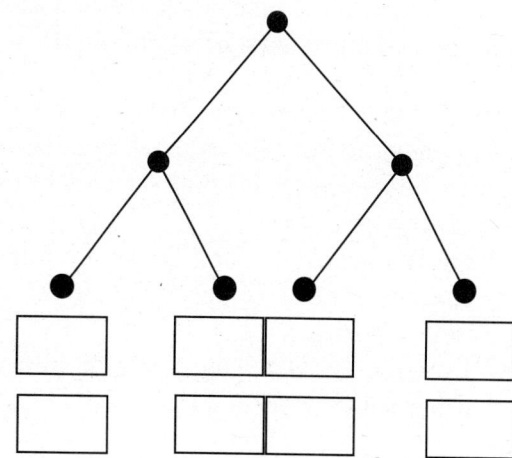

Ergebnisse

Wahrscheinlichkeitsverteilung

① Peter und Anna spielen mit zwei Kreiseln.

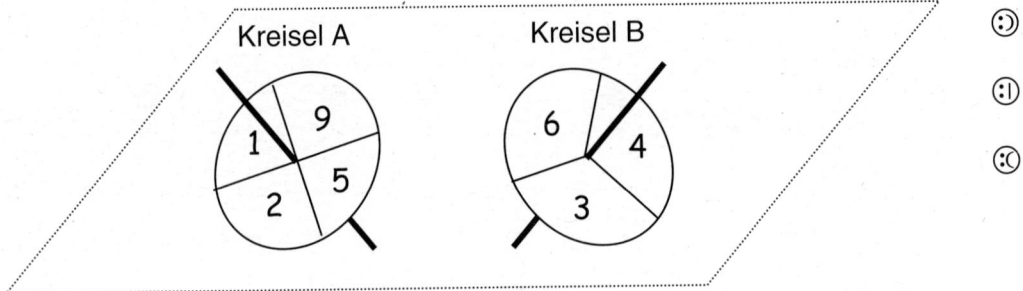

Jeder nimmt sich einen Kreisel und dreht ihn. Gewonnen hat, wer die höhere Augenzahl erzielt.

a) Peter nimmt den Kreisel A, Anna den Kreisel B. Welchen Kreisel würdest du nehmen?

b) Stelle mithilfe eines Baumes dar, welche Versuchsergebnisse möglich sind.

c) Berechne die Wahrscheinlichkeit, mit dem Kreisel A zu gewinnen.

②   Aus der Urne wird eine Kugel gezogen und die Farbe festgestellt (Blau oder gelb). Danach wird die Kugel wieder zurückgelegt und eine weitere Kugel wird gezogen.

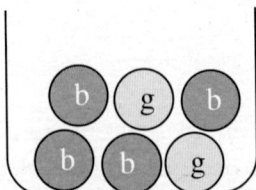

Zeichne ein Baumdiagramm und berechne die Wahrscheinlichkeit für die folgenden Ereignisse.

• A: „Beide Kugeln sind blau."
• B: „Die erste Kugel ist blau, die zweite gelb."
• C: „Die erste Kugel ist gelb, die zweite blau."
• D: „Beide Kugeln sind gelb."

③ Eine Urne enthält 41 Kugeln, die mit den Nummern 10 bis 50 nummeriert sind. Man zieht eine Kugel und stellt ihre Nummer fest.

a) Bestimme die Wahrscheinlichkeit der folgenden Ereignisse.
   • A: Die Quersumme der Kugelnummer ist größer als 9.
   • B: Die Quersumme der Kugelnummer ist gerade.

b) Wie groß ist die Wahrscheinlichkeit, dass die Kugelnummer keine Primzahl ist?

④ Du drehst das abgebildete Glücksrad zweimal und stellst jeweils fest, in welchem Sektor der Zeiger stehen bleibt.

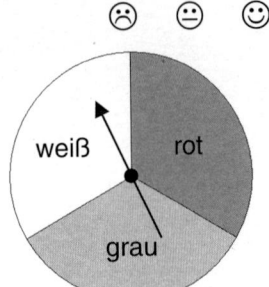

a) Fertige einen Ergebnisbaum an und bestimme alle möglichen Ergebnisse.

b) Gib die Wahrscheinlichkeit an für die folgenden Ereignisse.
   • Ereignis A: Der Zeiger bleibt genau zweimal im weißen Sektor stehen.
   • Ereignis B: Der Zeiger bleibt mindestens einmal im roten Sektor stehen.

AUF EINEN BLICK

Zufallsexperimente

Ein Zufallsexperiment ist ein Experiment, das beliebig oft wiederholt werden kann, mindestens zwei Ergebnisse hat und das Ergebnis nicht vorhergesagt werden kann.

Würfeln	Glücksrad	Urne mit Kugeln
	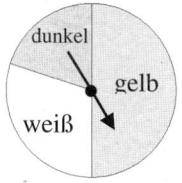	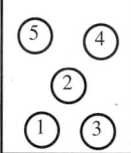
Ergebnismenge:	Ergebnismenge:	Ergebnismenge:
$\Omega = \{1, 2, 3, 4, 5, 6\}$	$\Omega = \{$dunkel, weiß, gelb$\}$	$\Omega = \{1, 2, 3, 4, 5,\}$

Wiederholt man den Versuch, so kann man die **relative Häufigkeit** berechnen, mit der das jeweilige Ergebnis eintritt. Das Experiment wird 60-mal durchgeführt.

1	2	3	4	5	6
$\frac{10}{60}$	$\frac{10}{60}$	$\frac{10}{60}$	$\frac{10}{60}$	$\frac{10}{60}$	$\frac{10}{60}$

d	w	g
$\frac{12}{60}$	$\frac{18}{60}$	$\frac{30}{60}$

1	2	3	4	5
$\frac{12}{60}$	$\frac{12}{60}$	$\frac{12}{60}$	$\frac{12}{60}$	$\frac{12}{60}$

Laplace-Experimente

Es gibt Zufallsexperimente, bei denen man ohne Ausprobieren die Wahrscheinlichkeit ermitteln kann, mit der ein Ergebnis eintritt. Man kann dies immer dann, wenn alle Ergebnisse gleich wahrscheinlich sind.

	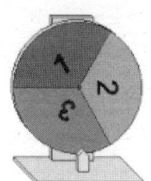	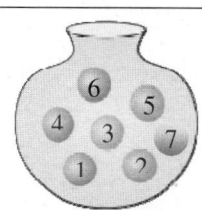
Alle sechs Ergebnisse sind gleich wahrscheinlich.	Alle drei Ergebnisse sind gleich wahrscheinlich.	Alle sieben Ergebnisse sind gleich wahrscheinlich.
$\Omega = \{1, 2, 3, 4, 5, 6\}$	$\Omega = \{1, 2, 3\}$	$\Omega = \{1, 2, 3, 4, 5, 6, 7\}$
$P(1) = P(2) = ... = P(6) = \frac{1}{6}$	$P(1) = P(2) = P(3) = \frac{1}{3}$	$P(1) = P(2) = ... = P(7) = \frac{1}{7}$

Wahrscheinlichkeit von Ereignissen

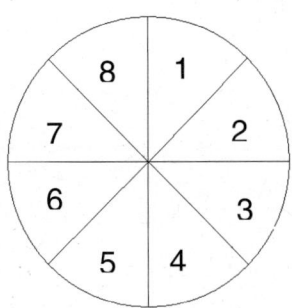

ZE: Ein Glücksrad wird gedreht und die Nummer festgestellt.

Ergebnismenge: $\Omega = \{1, 2, 3, 4, 5, 6, 7, 8\}$

Ereignis E: „Der Zeiger bleibt auf einer Primzahl stehen".

Ereignismenge E: $\{2, 3, 5, 7\}$ Elementanzahlen: $\Omega = 8$; $E = 4$

$$\text{Wahrscheinlichkeit P} = \frac{\text{Anzahl der für E günstigen Elemente}}{\text{Anzahl der möglichen Elemente}} = \frac{4}{8}$$

Mehrstufige Zufallsexperimente und Baumdiagramm

Mit einem Baumdiagramm kann man alle Ergebnisse eines mehrstufigen Zufallexperimentes darstellen.

ZE: Zunächst wird das Glücksrad1 einmal gedreht, dann das Glücksrad 2. Es wird jeweils festgestellt, in welchem Sektor der Zeiger stehen bleibt. Das Zufallsexperiment ist **zweistufig**.

Glücksrad 1

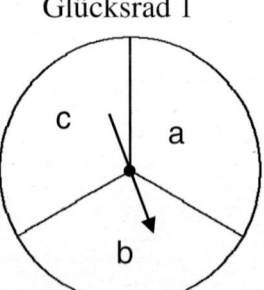

Glücksrad 2

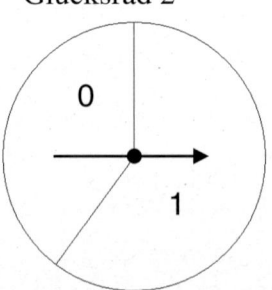

Ergebnisbaum:

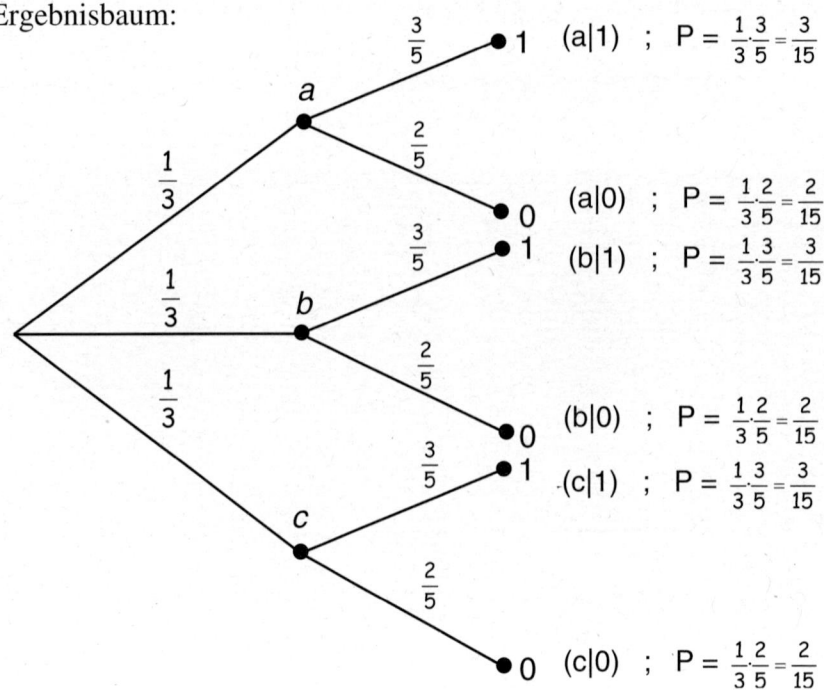

Die Wahrscheinlichkeit eines Ereignisses ist das Produkt der Einzelwahrscheinlichkeiten:

$$P(b|1) = \frac{1}{3} \cdot \frac{3}{5} = \frac{3}{15} = \frac{1}{5}.$$

7.7 Vierfeldertafel

Darstellung statistischer Texte in einer Vierfeldertafel

Absolute und relative Häufigkeiten, Wahrscheinlichkeit

Basisaufgabe zum selbstständigen Lernen

① Lies dir den folgenden statistischen Text genau durch.

Das saarländische Ministerium für Bildung und Kultur hat für die saarländischen **Gemeinschaftsschulen** und **Gymnasien** ein Fußballturnier ausgeschrieben. Für dieses Turnier können **Jungen-** und **Mädchenmannschaften** gemeldet werden. An diesem Turnier nehmen 48 Mannschaften der Gemeinschaftsschulen und Gymnasien teil. Darunter sind 21 gymnasiale Mannschaften und 15 Mädchenmannschaften. 8 Mädchenmannschaften gehören zu Gemeinschaftsschulen.

a) In dem statistischen Text werden von den Mannschaften zwei **Merkmale** mit jeweils zwei **Merkmalsausprägungen** unterschieden.

Ergänze die folgende Tabelle.

Merkmal 1		
Merkmalausprägung		
Merkmal 2		
Merkmalausprägung		

b) Übertrage die Angaben von a) in die folgende Vierfeldertafel.

Merkmal 1

			Summe
Summe			

Merkmal 2

c) Fülle die Vierfeldertafel in b) vollständig aus. Beachte dabei die absoluten Häufigkeiten im statistischen Text.

41. In einer Klasse mit 32 Schülern haben 14 Schüler als Schuhgröße mindestens 40. 20 Schüler sind mindestens 1,70m groß. 9 Schüler sind sowohl mindestens 1,70m groß als auch mit einer Schuhgröße mindestens 40 ausgestattet.

	Größe mindestens 1,70 m	Größe unter 1,70 m	Summe
Schuhgröße mindestens 40	9		14
Schuhgröße unter 40			
Summe	20		32

Vervollständige die Vierfeldertafel und beantworte die folgenden Fragen.

a) Wie viele Schüler haben eine Schuhgröße unter 40?

b) Wie viele Schüler sind mindestens 1,70m groß und haben aber eine Schuhgröße unter 40?

c) Wie viele Schüler sind kleiner als 1,70m und haben eine Schuhgröße kleiner als 40?

42. In einer mit einem Tuch abgedeckten Kiste liegen 200 Frühstücksbrötchen, von denen 75% aus Weizenmehl und der Rest aus Roggenmehl hergestellt sind. $\frac{3}{5}$ der Frühstücksbrötchen sind mit Körner ummantelt, 20 Roggenbrötchen sind ohne Körner. Trage die Merkmalsausprägungen und ihre Häufigkeiten in die Vierfeldertafel ein. Fülle die Vierfeldertafel vollständig aus.

			Summe
Summe			

Beantworte die folgenden Fragen.

a) Wie viele Weizenbrötchen mit Körner liegen in der Kiste?

b) Wie viel Prozent der Roggenbrötchen sind mit Körner ummantelt?

c) Stell dir vor, du greifst unter das Tuch und nimmst aus der Kiste ein Frühstücksbrötchen. Mit welcher Wahrscheinlichkeit hättest du ein Körnerbrötchen gegriffen?

d) Mit welcher Wahrscheinlichkeit hättest du ein Roggenbrötchen gezogen?

e) Mit welcher Wahrscheinlichkeit hättest du ein Weizenbrötchen ohne Körner gezogen?

43. In einem Stoffsäckchen liegen gleich große Würfel, schwarze und nichtschwarze Würfel sowie Würfel mit Augenzahlen und ohne Augenzahlen. Folgender statistischer Text beschreibt den Inhalt des Würfelsäckchens.

42 aller Würfel im Säckchen haben Augenzahlen. 48 aller Würfel im Säckchen sind nichtschwarz. Von den schwarzen Würfeln haben 34 keine Augenzahlen. Von den nichtschwarzen Würfeln sind 22 mit Augenzahlen versehen.

Trage die Merkmalsausprägungen und ihre Häufigkeiten in die Vierfeldertafel ein. Fülle die Vierfeldertafel vollständig aus.

			Summe
Summe			

Beantworte die folgenden Fragen.

a) Wie groß ist die Wahrscheinlichkeit, einen Würfel ohne Augenzahlen zu ziehen?

b) Wie groß ist die Wahrscheinlichkeit, einen schwarzen Würfel zu ziehen?

c) Wie groß ist die Wahrscheinlichkeit, einen nichtschwarzen Würfel ohne Augenzahlen zu ziehen?

44. In einer Klassenstufe 7 wird das Ergebnis einer Klassenarbeit in Mathematik statistisch ausgewertet. Es werden zwei Merkmale mit jeweils zwei Merkmalsausprägungen in der folgenden Vierfeldertafel dargestellt.

	rote Note	schwarze Note	Summe
männlich	3	9	**12**
weiblich	5	15	**20**
Summe	8	24	**32**

Bestimme die relativen Häufigkeiten für die folgenden Ereignisse.

a) rote Note

b) männlich

c) rote Note und weiblich

d) männlich und keine rote Note

e) weder männlich noch rote Note

Beantworte die folgenden Fragen.

f) Mit welcher relativen Häufigkeit kommt eine rote Note vor, wenn der Schüler weiblich ist?

g) Wie groß ist der relative Anteil der männlichen Schüler an den schwarzen Noten?

45. Das Kollegium einer Schule besteht zu 45% aus Männern. Vom ganzen Kollegium sind 25% älter als 50 Jahre. Bei den über 50-Jährigen ist der relative Anteil der weiblichen Lehrpersonen 12%.

Du hast mit Sicherheit die beiden Merkmale erkannt, nach denen das Kollegium einer Schule statistisch erfasst wird.

Schreibe jeweils die beiden Merkmalsausprägungen in die Vierfeldertafel, übertrage die Prozentsätze an die richtigen Stellen und fülle dann die Vierfeldertafel komplett aus. Beachte dabei, dass die Summe der Prozentsätze immer 100% sein muss (untere rechte Ecke).

			Summe
Summe			**100%**

Beantworte die folgenden Fragen.

a)   Wie viel Prozent des Kollegiums sind 50 Jahre und jünger?

b)   Wie viel Prozent des Kollegiums sind weiblich?

c)   Wie viel Prozent des Kollegiums sind 50 Jahre und jünger und weiblich?

d)   Wie viel Prozent des Kollegiums sind männlich und älter als 50 Jahre?

e)   Wie viel Prozent der männlichen Lehrpersonen sind älter als 50 Jahre?

Funktionen

8.1 Funktionales Denken

Funktionale Beschreibung von Situationen

Basisaufgabe zum selbstständigen Lernen

① Erinnere dich an den gestrigen Tag. Zeichne deine persönliche Wohlfühlkurve. Schreibe an die Stimmungshochpunkte bzw. Stimmungstiefpunkte eine Begründung.

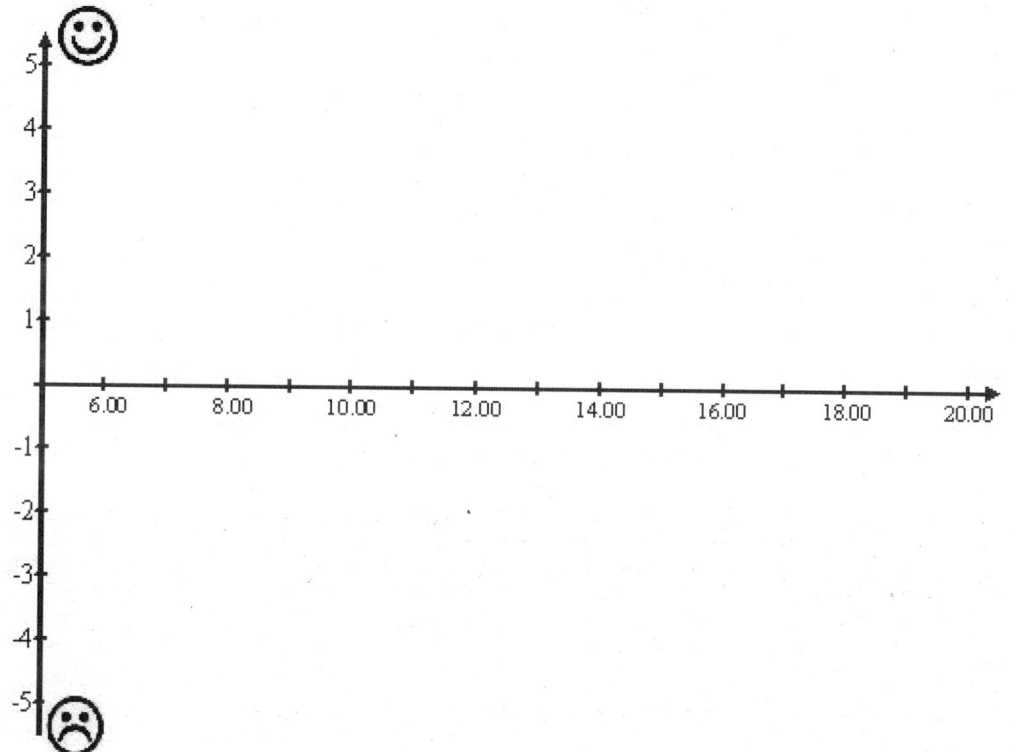

a) Zu welcher Uhrzeit warst du in einem Stimmungshoch, wann in einem Stimmungstief?

b) Zwischen welchen beiden Uhrzeiten stieg deine Stimmung sprunghaft an, wann fiel sie rapide ab?

c) Zu welchen Zeitpunkten warst du weder hoch erfreut, noch tief traurig?

②

a) Von welcher Größe hängt die erreichbare Höhe einer vollständig ausgefahrenen Drehleiter ab?

b) Die vollständig ausgefahrene Drehleiter ist 30 m lang. Die folgende Tabelle gibt an, welche Höhe man mit den Einstellwinkel α = 50°, 60°, 70° und 80° erreichen kann.

Winkel α (in Grad)	Höhe h (in m)
50	23
60	26
70	28,2
80	29,5

1. Beschreibe in eigenen Worten, wie sich die erreichbare Höhe bei einer Zunahme des Einstellwinkels von jeweils 10° verändert.

2. Peter hat die Tabellenwerte in ein Koordinatensystem eingetragen und eine kurvenförmige Linie durch die Punkte gezeichnet.

Ergänze die kurvenförmige Linie, so dass alle Höhenangaben im Bereich von 0° bis 90° sichtbar werden.

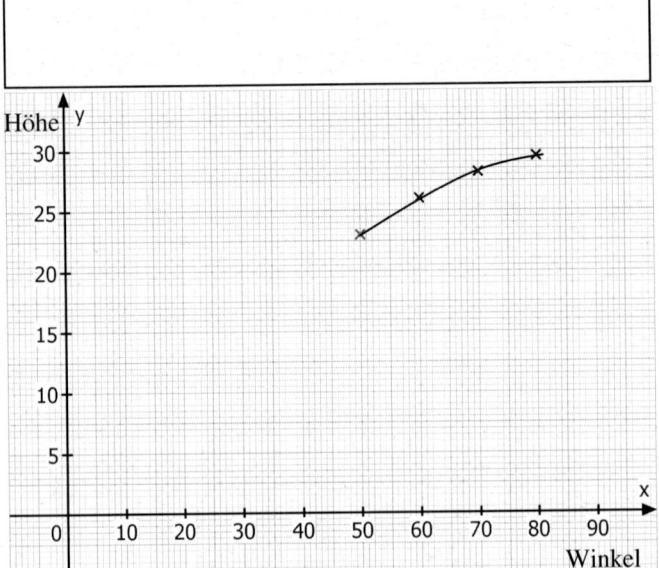

③ Die wirtschaftlichen Tätigkeiten eines Landes lassen sich in drei Bereiche differenzieren.

1.	Primärer Sektor	Land- und Forstwirtschaft, Fischerei
2.	Sekundärer Sektor	Produzierendes Gewerbe: Bergbau, Industrie, Handwerk
3.	Tertiärer Sektor	Dienstleistungen: Handel, Verkehr, Kommunikation

Das folgende Diagramm zeigt den prozentualen Anteil der drei Sektoren am gesamten Wirtschaftsleben im Verlauf einer 300-jährigen wirtschaftlichen Entwicklung eines Landes.

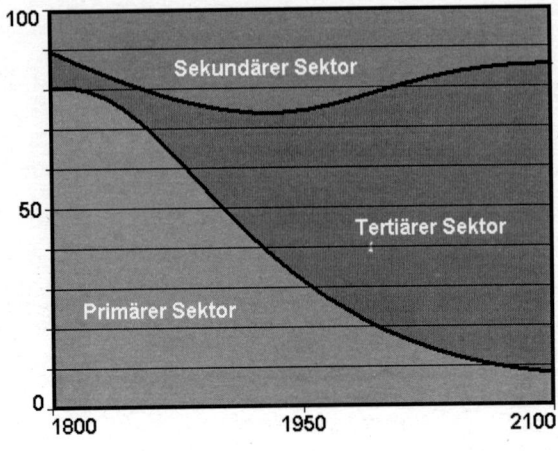

1. Welcher Sektor nimmt mit zunehmender wirtschaftlicher Entwicklung immer mehr ab?

2. Welche prozentualen Anteile haben die drei Sektoren zum jetzigen Zeitpunkt?

Primärer S.	
Sekundärer S.	
Tertiärer S.	

3. Gib eine Prognose für die Entwicklung der drei Sektoren bis zum Jahr 2100 ab.

1. Reißzweckenwurf (Führe die folgenden Arbeitsanweisungen zu Hause durch.)

Arbeitsmaterial: 100 Reißzwecken und ein leeres Schraubglas.

Arbeitsanweisungen:

❶ Lege die 100 Reißzwecken in das Glas, schraube es zu und schüttle es gut durch.

❷ Werfe die Reißzwecken auf den Boden, sortiere die auf der Seite liegenden aus. Zähle die auf dem Kopf liegenden Reißzwecken und lege diese wieder in das Glas.

❸ Wiederhole dieses Experiment noch viermal.

❹ Protokolliere die Versuchsergebnisse in der folgenden Tabelle.

Würfe	1. Wurf	2. Wurf	3. Wurf	4. Wurf	5. Wurf
Anzahl mit Kopflage					

❺ Stelle die Ergebnisse deines Versuchs graphisch dar.

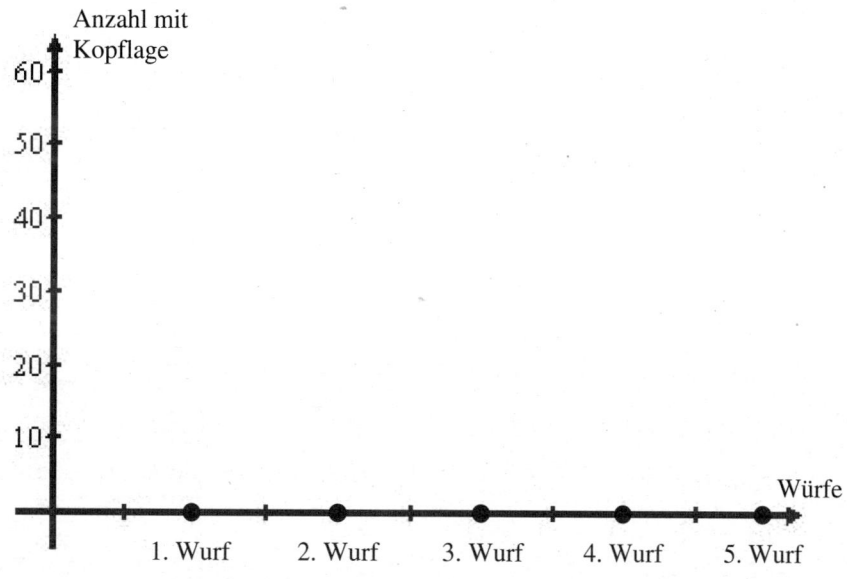

❻ Welche Form hat der Graph?

2. Autobahnfahrt

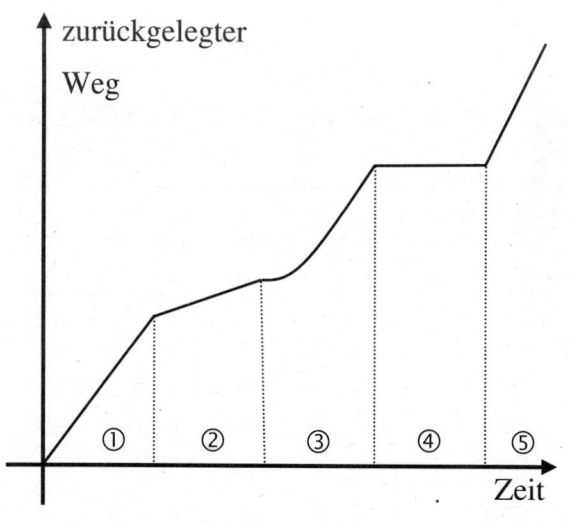

Das nebenstehende Schaubild zeigt, wie die Fahrt eines PKWs auf der Autobahn verlaufen ist.

Die gesamte Fahrzeit ist in 5 Zeitintervalle ① bis ⑤ eingeteilt.

Beschreibe den Verlauf der Autobahnfahrt, indem du den Zeitintervallen folgende Schlüsselaussagen zuordnest:

Pause, ungehinderte Fahrt auf der Autobahn, Stau löst sich langsam auf, infolge einer Baustelle verringerte Geschwindigkeit mit Staubildung

(ungeordnete Reihenfolge)

3. Schulweggeschichten

a)   Alexanders Schulweggeschichte:
     Ich war noch nicht lange mit dem Fahrrad unterwegs, als ich merkte, dass ich meine
     Mathe-Sachen vergessen hatte. Ich fuhr zurück, packte sie zuhause ein und radelte
     ohne anzuhalten zur Schule.

b)   Christians Schulweggeschichte:
     Ich muss gestehen: „Am Anfang bummelte ich etwas auf dem Weg zur Schule. Als ich
     dann aber auf die Uhr schaute, trat ich kräftig in die Pedale, um rechtzeitig in der
     Schule zu sein. "

c)   Sebastians Schulweggeschichte:
     Zufall oder nicht? Gerade in dem Augenblick, als ich an Hausnummer 10 vorbeifuhr,
     stand meine neue „Flamme" vor mir. Scharf gebremst, angehalten - wir haben uns
     nicht über Mathe unterhalten! Sie geht übrigens auf eine andere Schule. Nach wenigen
     Minuten fuhr ich dann weiter.

Ordne jeder Schulweggeschichte ein passendes Schaubild zu. Schreibe jeweils den Schü-
lernamen in das entsprechende Schaubild.

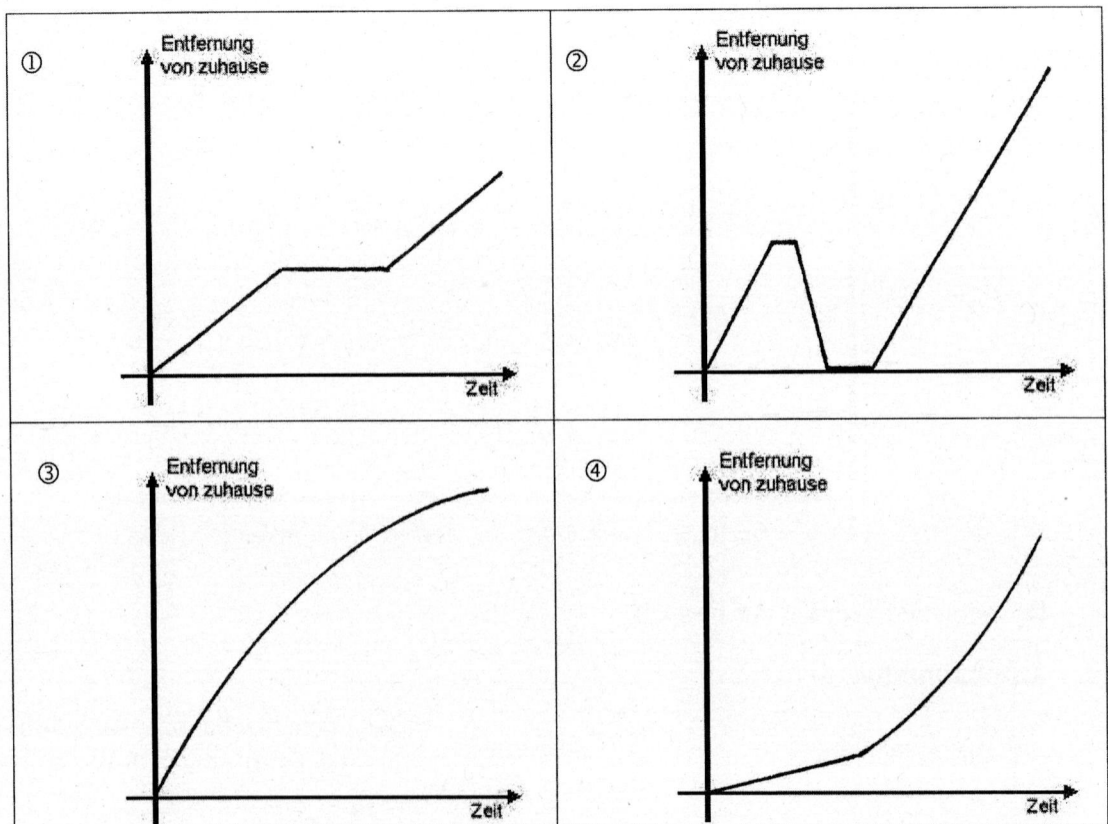

Von einem Schaubild fehlt noch eine passende Schulweggeschichte. Schreibe sie selbst.

4. a) Ergänze den fehlenden Preis auf dem **Tanksäulenbild**.

b) Die Zuordnung „Anzahl der Liter → Preis in Euro" lässt sich auch **tabellarisch** beschreiben. Ergänze die fehlenden Größen.

Liter	2	3	5	8		28
Euro					11	

c) Stelle den Benzinpreis **graphisch** dar.

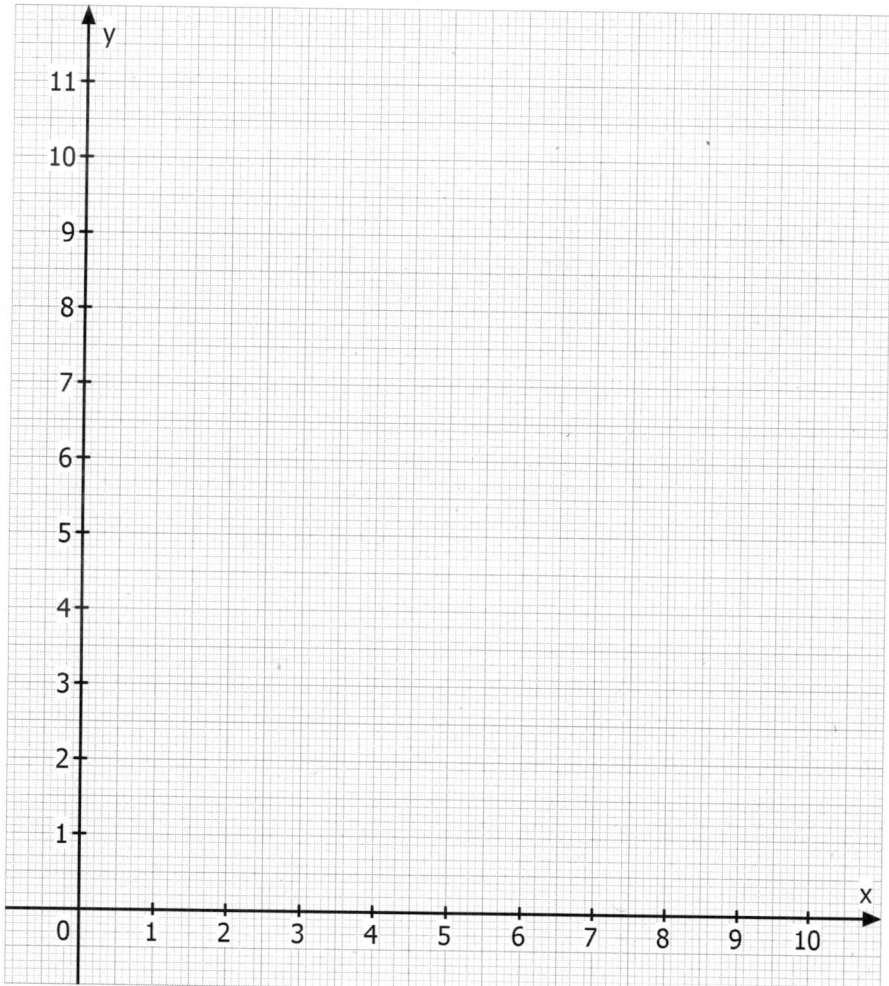

d) Stelle die Zuordnung „Anzahl der Liter → Preis in Euro" **algebraisch** durch eine Gleichung dar. Bezeichne den Preis mit P und die Literanzahl mit ℓ.

8.2 Zuordnungen in der Erfahrungswelt

Basisaufgabe zum selbstständigen Lernen

① Hund Lupi ist auf seinem Rennrad unterwegs. Er fährt mit konstanter Geschwindigkeit und schafft in zwei Stunden 48 km.

a) Berechne die Strecken, die Lupi in den in der Tabelle angegebenen Zeitspannen zurücklegt.

Fahrzeit	1 h	1,5 h	2 h	$\frac{1}{2}$ h	45 min	3 h	$2\frac{1}{4}$
Strecke [km]							

b) Gib die Zuordnungsvorschrift der Zuordnung **Fahrzeit → Fahrstrecke** an.

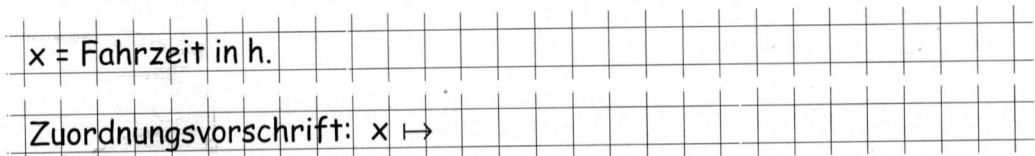

x = Fahrzeit in h.

Zuordnungsvorschrift: x ↦

c) Zeichne das Schaubild der Zuordnung in das vorbereitete Koordinatensystem.

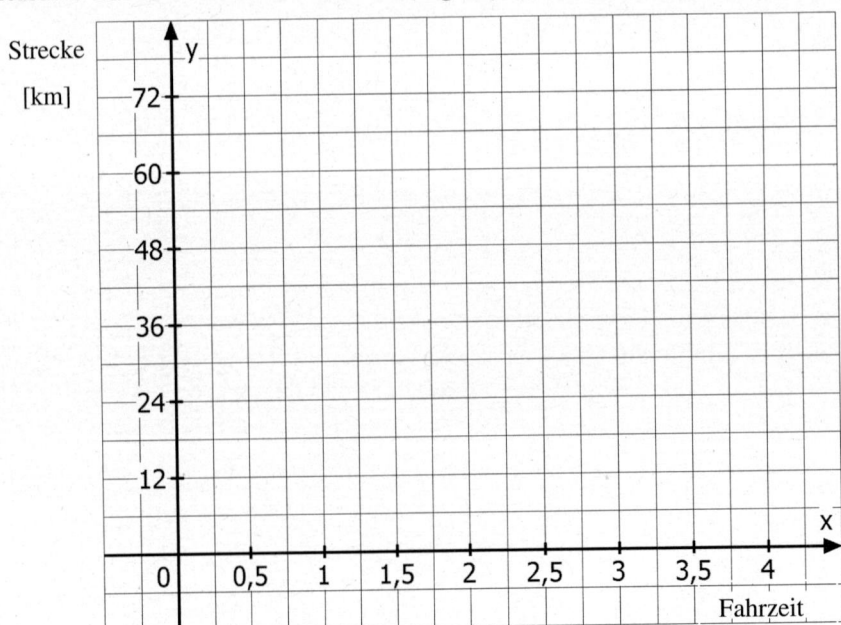

5. Stromrechnung

a) Berechne die Stromkosten bei einem
   Verbrauch von 2000 kWh (5000 kWh)
   im Jahr.

Strom-Tarif	
Grundgebühr im Jahr	102 €
Arbeitspreis	27 $\frac{c}{kWh}$
kWh = Kilowattstunde	

• 2000 kWh $\mapsto$

• 5000 kWh $\mapsto$

b) Gib für die Zuordnung **Energieverbrauch im Jahr** $\rightarrow$ **Preis** eine Zuordnungsvorschrift an.

x = Verbrauch von elektrischer Energie im Jahr

x $\mapsto$

c) Fülle aus.

Energieverbrauch im Jahr (in kWh)	1200	2500	3000		
Preis (in €)				1020	1722

d) Stelle zu nebenstehenden Ablesedaten die Verbrauchsrechnung auf.

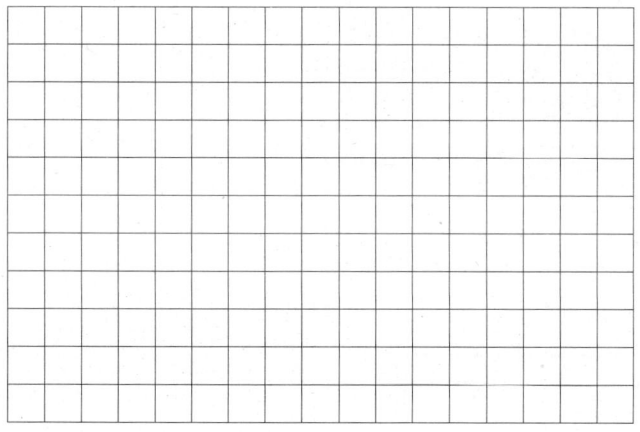

Energieverbrauch 2015

Zählerstand alt: 13105
Zählerstand neu: 15855

Abgelesen am 31.12.2015

8.3 Der Funktionsbegriff

Basisaufgabe zum selbstständigen Lernen

Unter den Schülern der Klasse 8a wurde von der Schülerverwaltung eine Umfrage durchgeführt. Die Schüler sollten dabei auch ihre Lieblingssportarten sowie ihr Wunschziel für den Sommerurlaub angeben. Auf den Zetteln unten siehst du die Angaben einiger Schüler.

Wir deuten die Angaben der Schüler als Zuordnungen und wollen sie veranschaulichen. Ergänze die Darstellungen durch ein Pfeildiagramm und in einem Gitternetz.

a)   Zuordnung: *Schüler → Sportart*

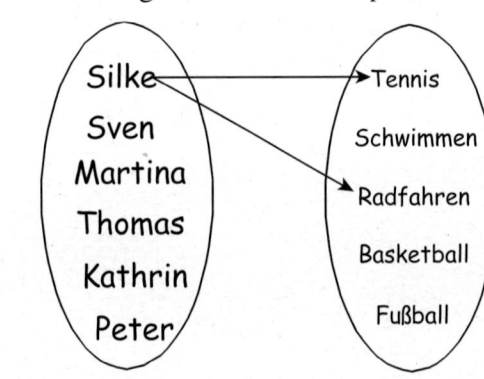 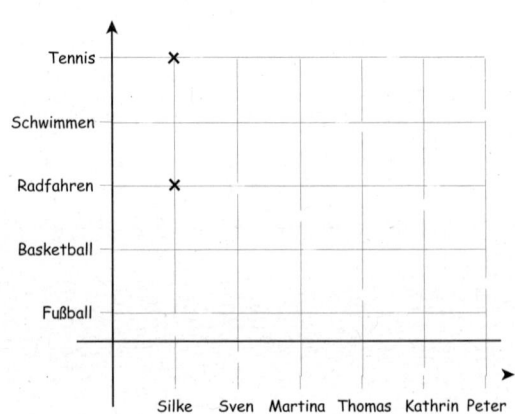

b)   Zuordnung: *Schüler → Reiseziel*

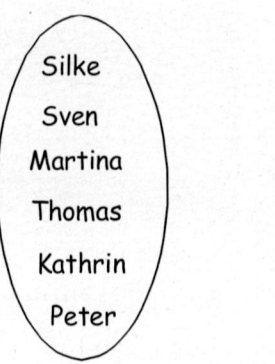  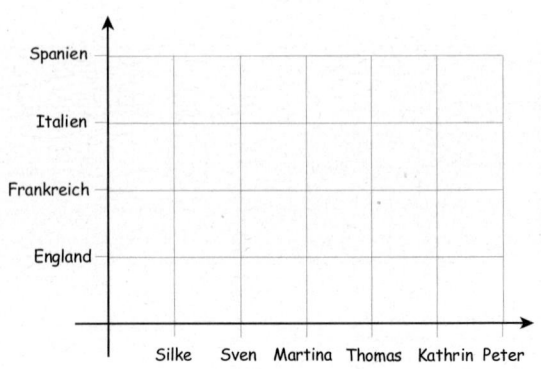

Vergleiche die Darstellungen der Zuordnungen miteinander.

- Kannst du Gemeinsamkeiten finden?
- Welche Unterschiede stellst du fest?

6. Wir betrachten zwischen einer Menge von Hauptstädten (Ausgangsmenge) und einer Menge von Ländern (Zielmenge) die Zuordnung „ ... ist Hauptstadt von ...".

a) Ergänze im Pfeilbild die zugehörigen Zuordnungspfeile.

b) Vervollständige die Darstellung der Zuordnung im Gitternetz.

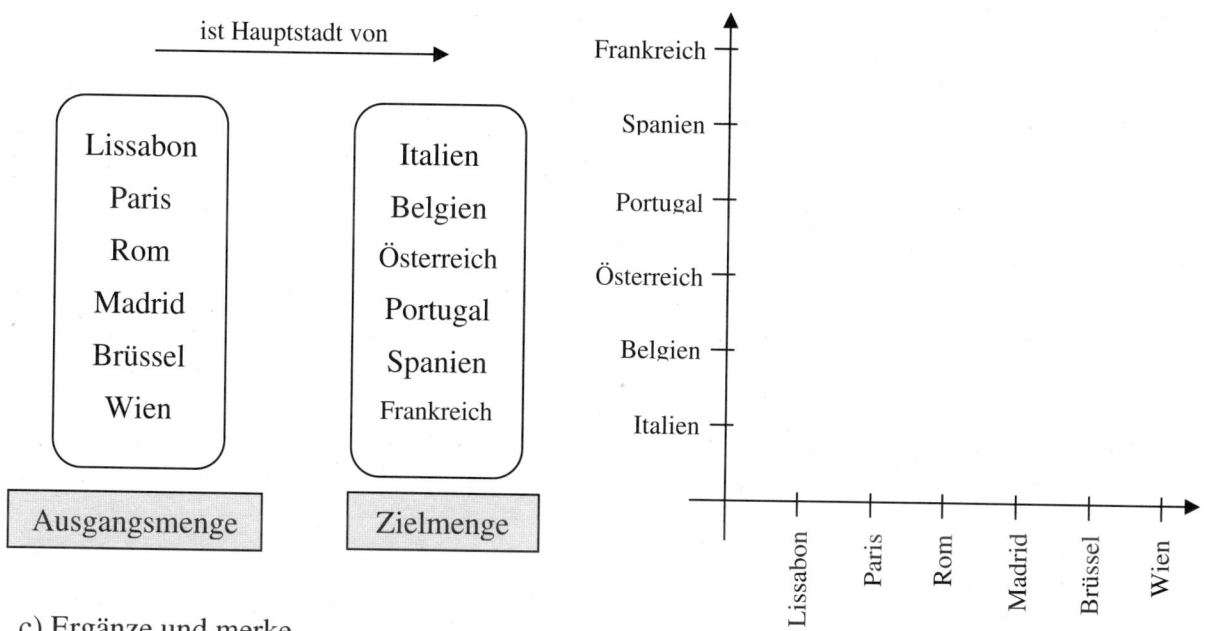

c) Ergänze und merke.

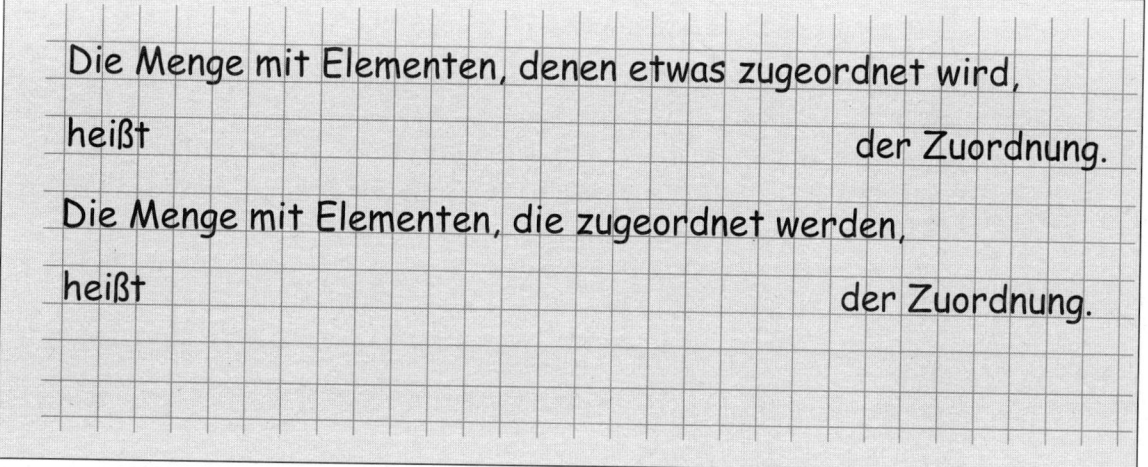

Die Menge mit Elementen, denen etwas zugeordnet wird,

heißt   der Zuordnung.

Die Menge mit Elementen, die zugeordnet werden,

heißt   der Zuordnung.

7. Eine Zuordnung ordnet jeder rationalen Zahl die um 1 größere Zahl zu.

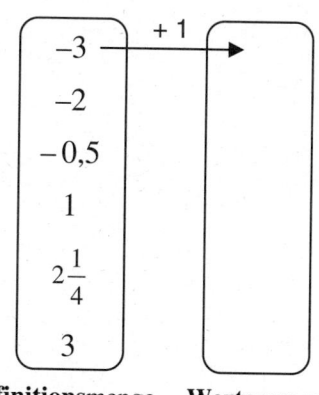

Bei der folgenden Zuordnung wird

jedem Element der Ausgangsmenge **genau ein Element** der Zielmenge zugeordnet. Die Ausgangsmenge heißt dann **Definitionsmenge D**, die Zielmenge **Wertemenge W**.

Eine eindeutige Zuordnung heißt **Funktion auf D.**

8. Gegeben ist die Zuordnung: Gewinn → Losnummer .

   a) Gib die Zuordnung im Pfeildiagramm an.

Gewinn in €	Losnummer
5 €	7 ; 15
10 €	234 ; 678 ; 108
100 €	4132

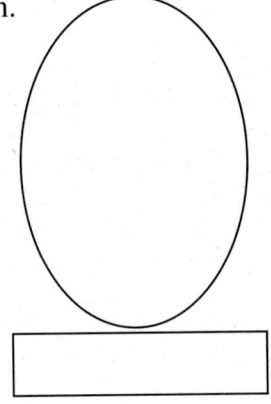
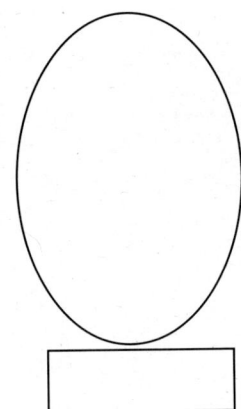

   b) Gib die Definitionsmenge **D** und die Wertemenge **W** an.

D =   W =

   c) Prüfe nach, ob die Zuordnung eindeutig ist.

9. Eine Zuordnung ordnet jedem Element der Menge {2 ; 15 ; 23} ihre von 1 verschiedenen (positiven) Teiler zu.

   Gib die Zuordnung im Pfeildiagramm an.

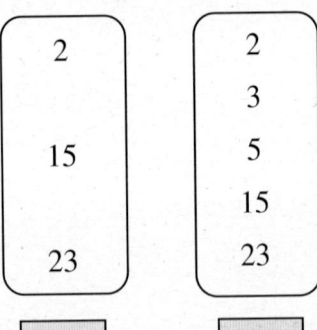

Bei der folgenden Zuordnung gibt es

ein Element der Ausgangsmenge, dem **mehr als ein Element** der Zielmenge zugeordnet ist.

Die Zuordnung ist **nicht eindeutig**. Sie ist **keine** Funktion auf D.

10. Stelle durch Zuordnungspfeile dar: „ ... hat als Quersumme ... “.

   a) Pfeildiagramm

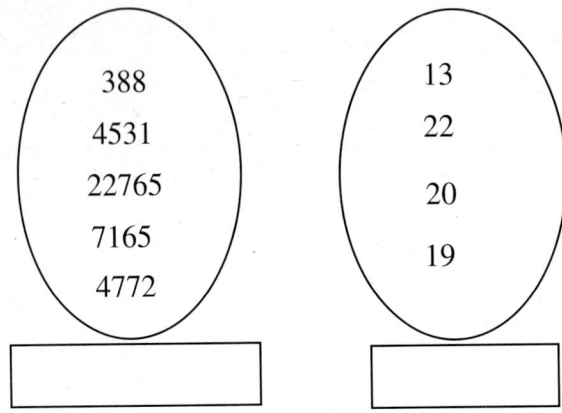

   b) Prüfe nach, ob es sich um eine eindeutige Zuordnung handelt. Begründe.

11. Wir betrachten zwischen einer Menge von Flüssen (Ausgangsmenge) und einer Menge von Meeren (Zielmenge) die Zuordnung: „ ... mündet in ... “.

a) Ergänze das Pfeildiagramm.   b) Darstellung im Gitternetz

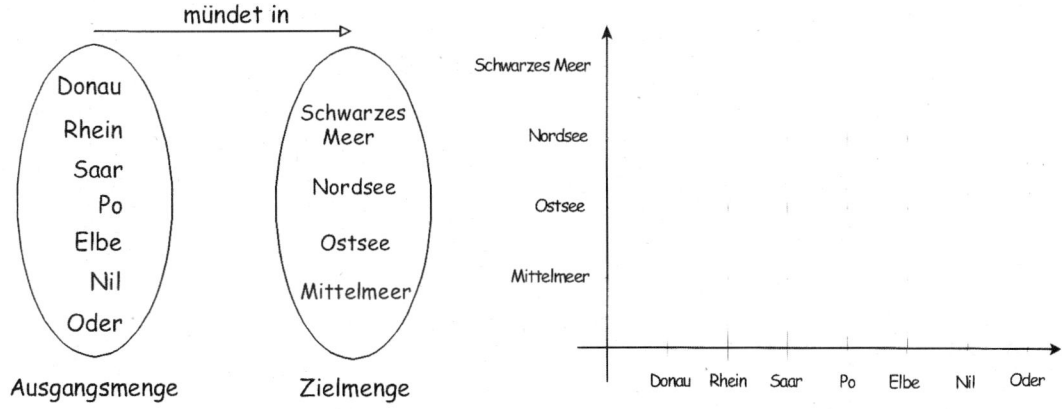

c) Welche Besonderheit fällt dir auf ?

12. Eine Zuordnung ordnet jeder ganzen Zahl ihre Kehrzahl zu.

Gib die Zuordnung im Pfeildiagramm an.

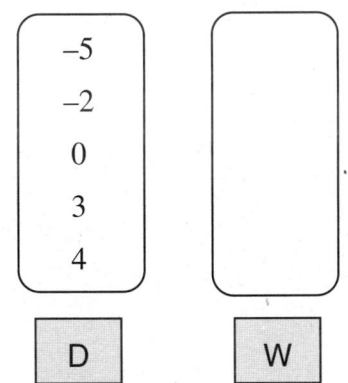

Bei der folgenden Zuordnung gibt es

ein Element der Ausgangsmenge, dem **kein Element** zugeordnet werden kann.

Die Zuordnung ist **keine** Funktion auf D.

13. Begründe oder widerlege, ob in den Gitternetzen Funktionen dargestellt werden.

a) „ist geboren im Jahr"   b) „ist geboren in"   c) „hat als Bruder oder Schwester"

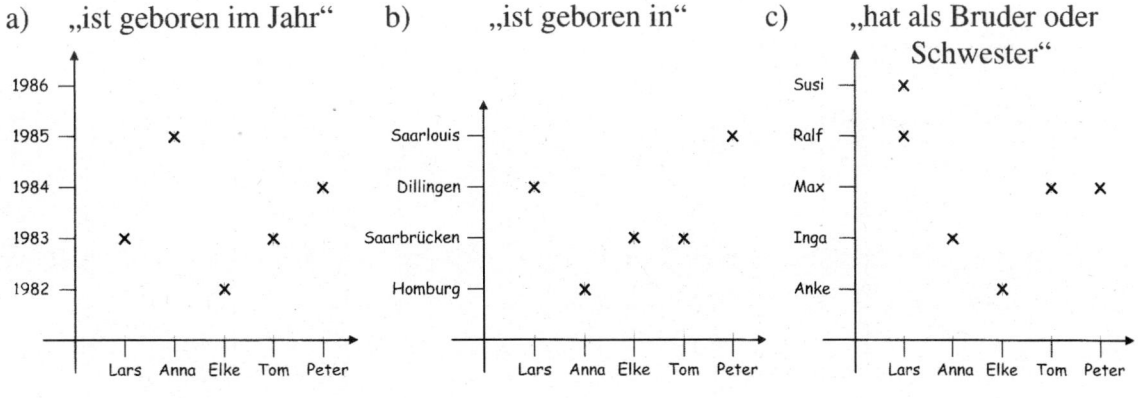

14. Fünf Schüler der Klasse 8d haben bei einem
Wettbewerb gewonnen. Sie können sich
unter fünf Angeboten einen Preis ihrer Wahl
aussuchen.

Das Pfeildiagramm rechts zeigt die Zuordnung:

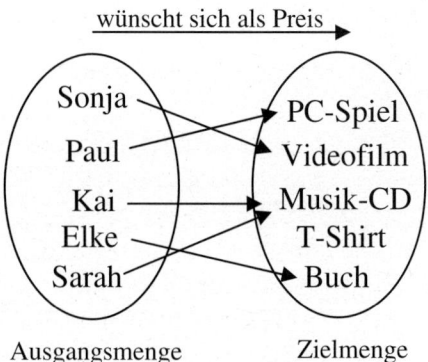

Was fällt dir bei der Zielmenge auf?

15. Gegeben ist die Zuordnungsvorschrift „ ... ist Vielfaches von ... “.

D = { 8, 15, 18, 21 }   Zielmenge = { 4, 5, 6, 7, 10 }

Stelle die Zuordnung als Pfeildiagramm dar. Was fällt dir dabei auf?

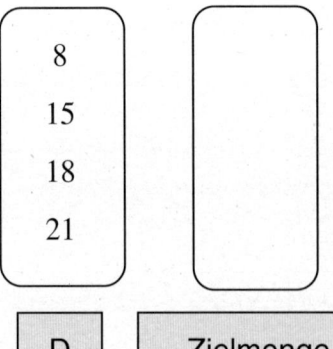

> Eine eindeutige Zuordnung ist auch eine
> Funktion, wenn **nicht bei jedem Element
> der Zielmenge** ein Pfeil endet. Die
> Wertemenge der Funktion ist dann eine
> Teilmenge der Zielmenge.

16. Du siehst Zuordnungen von D = {1, 2, 3, 4} nach ℚ durch Pfeilbilder dargestellt. Welche dieser Zuordnungen sind Funktionen auf D? Begründe jeweils deine Entscheidung.

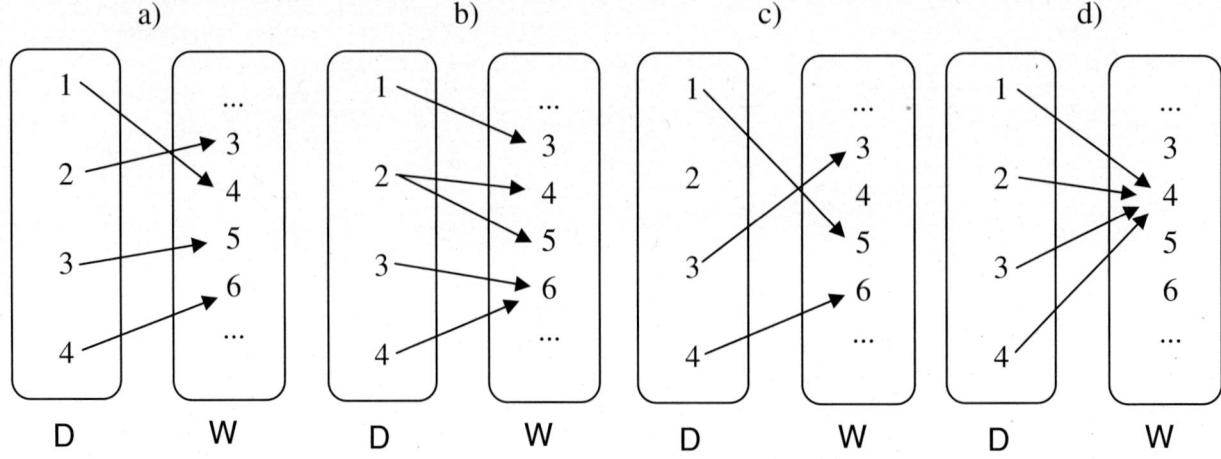

8.4 Funktionsvorschrift und Funktionsgleichung

Basisaufgabe zum selbstständigen Lernen

Die Angabe von Funktionen kann in der Mathematik auf unterschiedliche Arten erfolgen.

①	Wortform	Die Funktion f ordnet jeder rationalen Zahl ihr um 1 vermehrtes Doppeltes zu.
②	Funktionsvorschrift	$x \mapsto 2x + 1$ mit $D = \mathbb{Q}$ oder $x \in \mathbb{Q}$
③	Funktionsgleichung	$y = 2x + 1$ oder $f(x) = 2x + 1$

Bezeichnungen:

$$f: \quad \mathbb{Q} \rightarrow \mathbb{Q}, \quad x \mapsto 2x + 1$$

→ Funktionsterm

→ Funktionsvorschrift

→ Wertemenge/Wertebereich

→ Definitionsmenge/Definitionsbereich

→ Funktionsname

Die Funktions**gleichung** lautet:

$$y = 2x + 1 \quad \text{oder} \quad f(x) = 2x + 1$$

① Ergänze für die Funktion die fehlenden Beschreibungsformen.

Wortform: Jeder rationalen Zahl wird ihr um 1 vermindertes Dreifaches zugeordnet.

Funktionsvorschrift: _____   Funktionsgleichung: _____

17. Ergänze für die Funktion die fehlenden Beschreibungsformen.

   a)   Wortform: Jeder rationalen Zahl wird die um 4 vergrößerte Hälfte zugeordnet.

        Funktionsvorschrift: Funktionsgleichung:

   b)   Wortform:

        Funktionsvorschrift: $x \mapsto 2x^2$ mit $x \in \mathbb{Q}$ Funktionsgleichung:

   c)   Wortform:

        Funktionsvorschrift: Funktionsgleichung: $y = -x + 1$

18. Gib die Funktionsvorschrift und die Funktionsgleichung an.

   a)   Jeder rationalen Zahl wird ihr Doppeltes zugeordnet.

   b)   Jeder rationalen Zahl wird ihr vierter Teil zugeordnet.

   c)   Jeder rationalen Zahl wird ihre um 5 verminderte Gegenzahl zugeordnet.

   d)   Jeder rationalen Zahl wird das um 2 verminderte Quadrat zugeordnet.

19. Eine Funktion wird durch eine Tabelle beschrieben. Entdecke für alle Punktepaare eine gemeinsame Vorschrift, wie man aus dem x-Wert den y-Wert erhält.

   a)

x	-3	-2	-1	0	1	2	3
y	1	2	3	4	5	6	7

Funktionsvorschrift	Funktionsgleichung

   b)

x	-3	-2	-1	0	1	2	3
y	2	1	0	-1	0	1	2

Funktionsvorschrift	Funktionsgleichung

8.5 Funktionswerte

Basisaufgabe zum selbstständigen Lernen

① Gegeben ist die Funktion f mit der Funktionsgleichung $y = 3x + 2$ und dem Definitionsbereich $D = \mathbb{Q}$. $[\,f : \mathbb{Q} \rightarrow \mathbb{Q}\,;\, x \mapsto 3x + 2\,]$

Mithilfe der Funktionsgleichung kannst du die **Funktionswerte** (y-Werte) berechnen, wenn die zugehörigen **Stellen** (x-Werte) gegeben sind.

Vorgehensweise: Setze für x die gegebene Zahl ein und vereinfache.

Funktion:	$y = 3x + 2$
Stelle (x-Wert):	$x = -2$
Funktionswert (y-Wert):	$Y =$

	Funktion	Stelle	Funktionswert
a)	$y = 3x - 5$	-1	
b)	$y = -2x + 3$	5	
c)	$y = 2x^2 - 4$	3	
d)	$y = -\dfrac{1}{x} + 1$	-4	

20. Berechne die Funktionswerte an den angegebenen Stellen.

a)	Funktion: $y = 4x - 1$	$x = 3$	$x = -4$
b)	Funktion: $y = -2x + 1$	$x = -11$	$x = 0$
c)	Funktion: $y = 2(3x + 5)$	$x = -2$	$x = \dfrac{1}{3}$
d)	Funktion: $y = -x^2 + x$	$x = -1$	$x = 1$

21. Berechne die Funktionswerte und trage sie in die Wertetafel ein.

a) $y = 3x - 1$

x	-2	-1	0	1	2	3
y						

b) $y = -x + 1$

x	-2	-1	0	1	2	3
y						

Basisaufgabe zum selbstständigen Lernen

② Gegeben ist die Funktion f mit der Funktionsgleichung $y = 3x + 6$ und dem Definitionsbereich $D = \mathbb{Q}$. $[f: \mathbb{Q} \to \mathbb{Q} \, ; x \mapsto 3x + 6]$

Mithilfe der Funktionsgleichung kannst du auch die **Stelle** (x-Wert) berechnen, wenn der dazugehörige **Funktionswert** gegeben ist.

Vorgehensweise: Setze für y den gegebenen Wert ein und löse die Gleichung nach x auf.

> Funktion: $y = 3x + 6$
>
> Funktionswert: $y = 15$
>
> Stelle (x–Wert):
>
>
>
> $x =$

An welcher Stelle x hat die Funktion den angegebenen Funktionswert?

a) $y = -2x + 15$ $y = -25$ b) $y = 5x - 15$ $y = -55$

c) $y = \dfrac{1}{2}x - 6$ $y = 10$ d) $y = -3x + 5$ $y = 23$

① Eine Funktion lässt sich als Punktmenge darstellen. Finde eine Vorschrift, wie man aus dem x-Wert den y-Wert erhält. Gib jeweils die Funktionsgleichung an. ☹ ☺ ☺

a) $\{ (-1 \,|\, -2) \, , \, (0 \,|\, 0) \, , \, (1 \,|\, 2) \, , (2 \,|\, 4) \, , \, (3 \,|\, 6) \, , \, (4 \,|\, 8) \}$

Funktionsgleichung:

b) $\{ (-3 \,|\, 10) \, , \, (-2 \,|\, 5) \, , \, (-1 \,|\, 2) \, , (0 \,|\, 1) \, , \, (1 \,|\, 2) \, , \, (2 \,|\, 5) \, , \, (3 \,|\, 10) \}$

Funktionsgleichung:

c) $\{ (-3 \,|\, -10) \, , \, (-2 \,|\, -7) \, , \, (-1 \,|\, -4) \, , \, (0 \,|\, -1) \, , \, (1 \,|\, 2) \, , \, (2 \,|\, 5) \, , \, (3 \,|\, 8) \}$

Funktionsgleichung:

8.6 Funktionen im Koordinatensystem

Zeichnen von Schaubildern

Basisaufgabe zum selbstständigen Lernen

① Betrachte die Funktion f mit der Gleichung $y = 2x - 1$ mit $x \in \mathbb{Q}$.

a) Fülle die Wertetabelle aus.

x	-2	-1	0	1	2	3
y						

b) Zahl und zugeordnete Zahl bilden ein Zahlenpaar. Welche Zahlenpaare $(x|y)$ liefert die Tabelle?

(-2|);

c) Veranschauliche die Zahlenpaare im Koordinatensystem durch Punkte. Zeichne eine Linie, auf der alle Punkte dieser Funktion liegen.

> Die Menge aller Punkte $(x|y)$ mit $x \in D$ heißt **Schaubild** oder **Graph** der Funktion.
>
> Graph von f kürzen wir mit G_f ab.

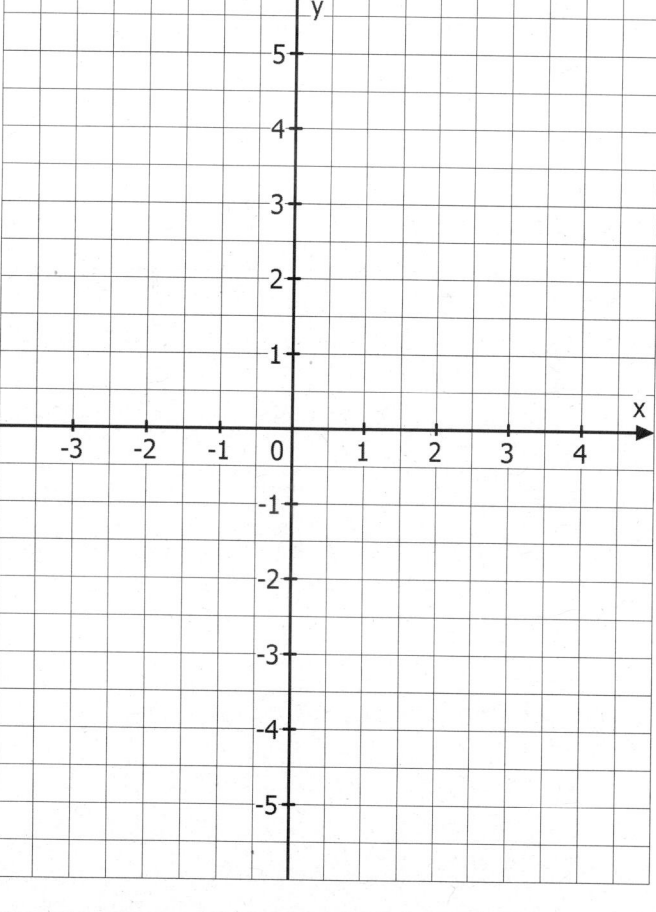

Das Schaubild der Funktion f mit y = 2x – 1 ist eine _____.

Durch diese Darstellungsart wird das Änderungsverhalten einer Funktion aufgezeigt.

Basisaufgabe zum selbstständigen Lernen

② Betrachte die Funktion f mit der Gleichung $y = x^2$ mit $x \in \mathbb{Q}$.

   a) Fülle die Wertetabelle aus, übertrage die zugehörigen Punkte in das Koordinatensystem und zeichne eine Linie, auf der alle Punkte dieser Funktion liegen.

x	-3	-2	-1	-0,5	0	0,5	1	2	3
y									

   b) Vergleiche die Funktionswerte an den Stellen 0,5; 1; 2; 3 mit den Funktionswerten an den Stellen –0,5; –1; –2; –3. Was stellst du fest? Wie wirkt sich diese Eigenschaft auf das Schaubild der Funktion aus?

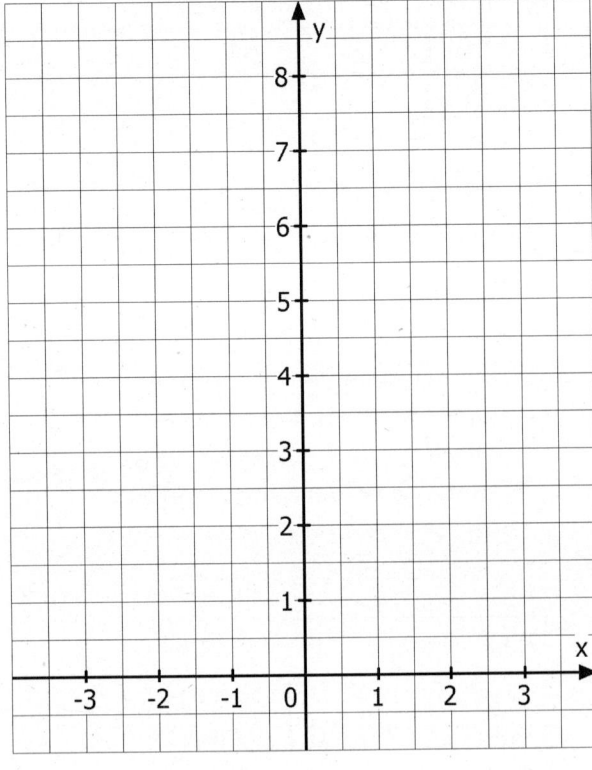

-

-

   c) Wie kann man am Schaubild feststellen, ob die Zuordnung $x \mapsto x^2$ eine Funktion ist? Formuliere.

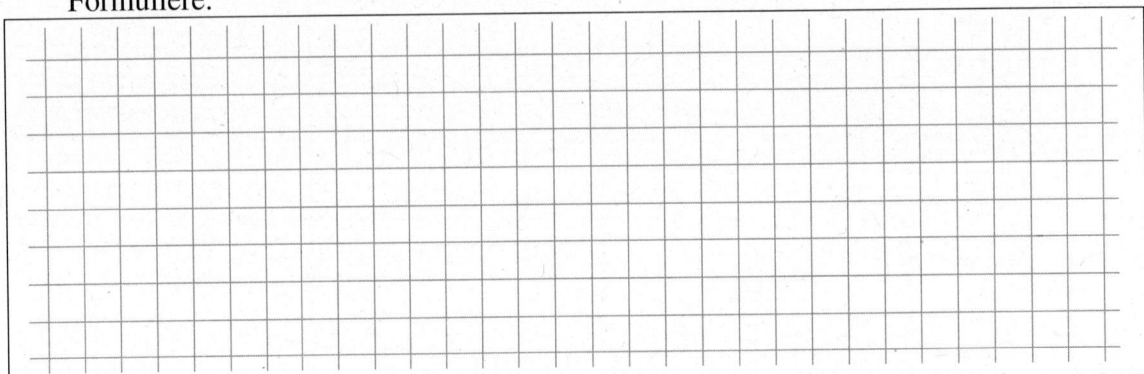

Das Schaubild ist _____ Gerade, sondern eine _____ Kurve.

Schaubilder sind abhängig von den _____.

22. Die Schaubilder folgender Funktionen sind Geraden. Zum Zeichnen dieser Geraden benötigst du nur zwei Punkte. Wähle sie geeignet aus.

a) $y = x - 1$ b) $y = -2x$ c) $y = -\dfrac{1}{2}x$

d) $y = -x + 2$ e) $y = \dfrac{2}{3}x$ f) $y = -\dfrac{2}{5}x + 2$

Basisaufgabe zum selbstständigen Lernen

① a) Funktionswerte (y-Werte) kannst du auch aus dem Schaubild einer Funktion ablesen. Bestimme die gesuchten y-Werte zeichnerisch und trage sie in die Tabelle ein.

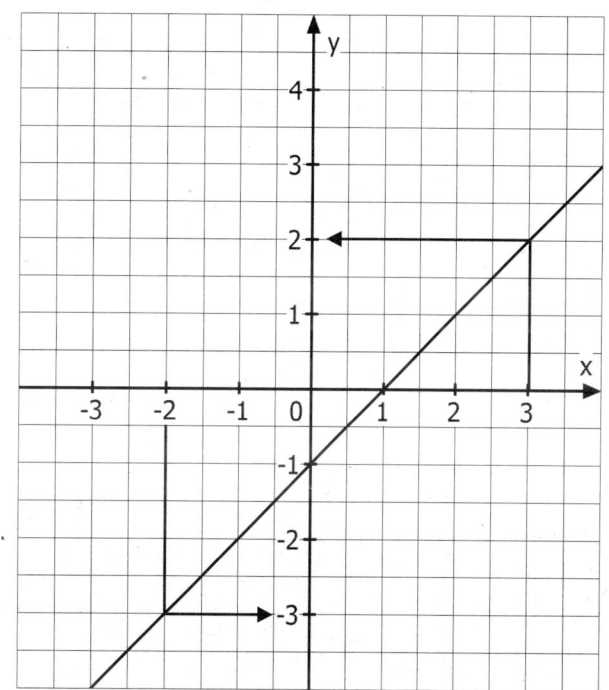

x	y
3	
-2	
2	
0,5	
-1,5	
2,5	
3,5	

b) Wie lautet die Funktionsglei-chung?

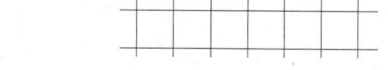

② a) Mithilfe des Schaubildes können wir nicht nur y-Werte, sondern auch x-Werte einer Funktion bestimmen. Lies die fehlenden Werte ab und trage sie in die Tabelle ein.

x	y
	-3
	2,5
	-2,5
	1,5
	-1,5
	0,5
	2

b) Wie lautet die Funktionsglei-chung?

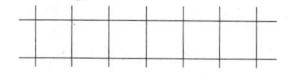

① a) Welche der gegebenen Schaubilder sind Graphen von Funktionen?
      Begründe deine Entscheidung.

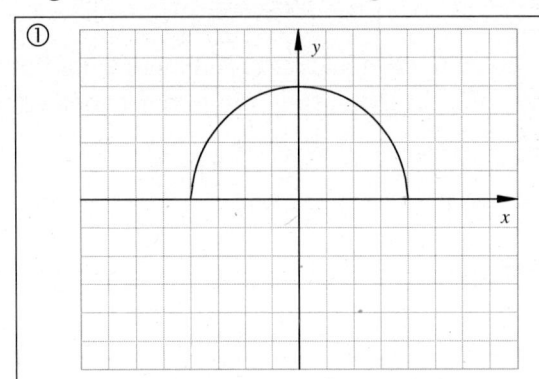
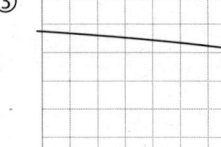
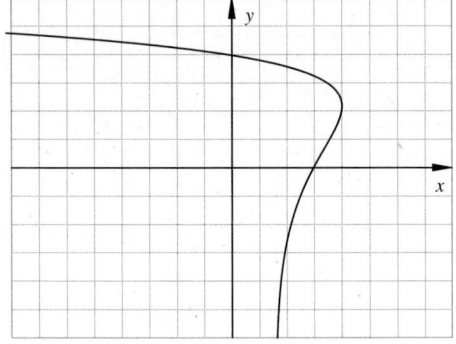
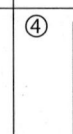
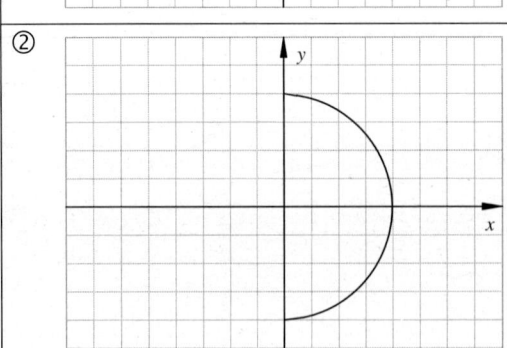
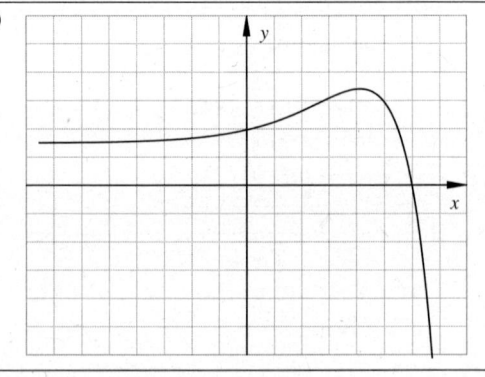

   b) Woran erkennst du am Schaubild, ob eine Zuordnung eine Funktion ist?

② Gegeben ist die Funktion mit der Gleichung $y = -3x + 1$.

   Ergänze die Wertetabelle und zeichne mit ihrer Hilfe das Schaubild der Funktion.

$y = -3x + 1$	x	$-1{,}5$	-1	$-0{,}5$	0	$0{,}5$	1	2
	y							

8.7 Lineare Funktionen

Funktionen aus der Erfahrenswelt

Basisaufgabe zum selbstständigen Lernen

① Die Abbildung rechts zeigt ein Beispiel für die Kosten, die beim Mieten eines Wagens entstehen.

a) Gib mit den Bezeichnungen

x : Anzahl der gefahrenen km

y : Gesamtkosten in Euro

die zugehörige Funktionsgleichung an.

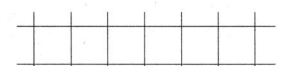

Autoverleih

 Mobil

Preisbeispiel

| Grundgebühr : | 40 € |
| je gefahrener km : | 0,50 € |

b) Erstelle eine Wertetabelle und zeichne das Schaubild der Funktion.

x in km	10	20	30	40	50	60	70	80	90	100
y in €										

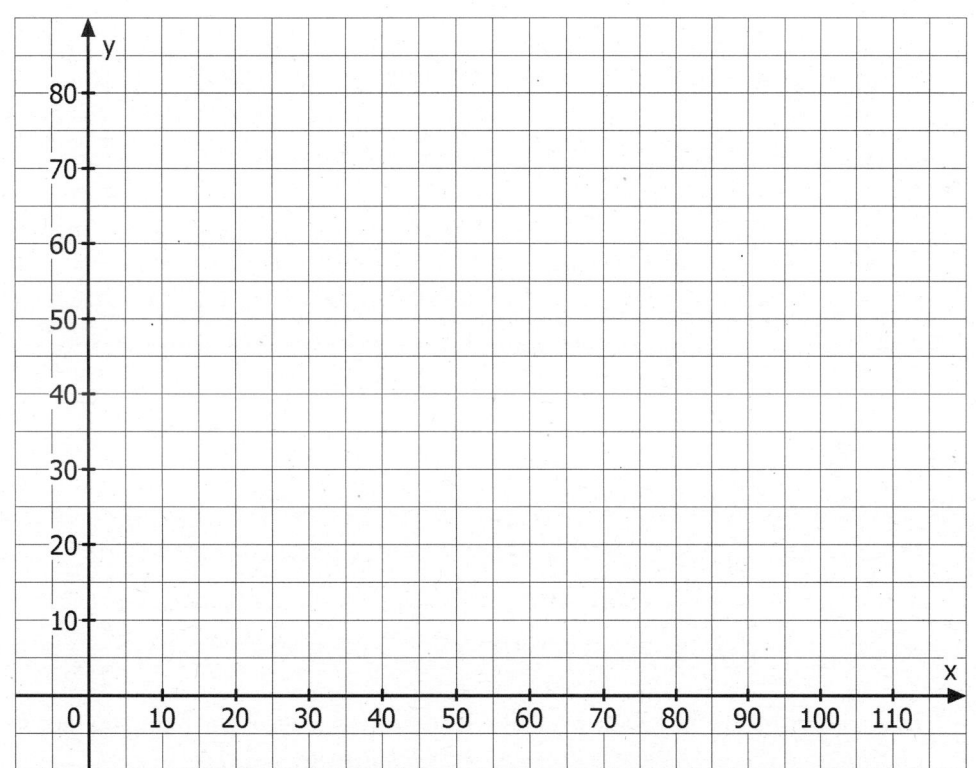

Funktionen mit Gleichungen der Form y = m · x + n heißen **lineare Funktionen**. Das Schaubild einer linearen Funktion ist eine _____.

23. Ein quaderförmiges Schwimmbecken ist mit Wasser gefüllt, die Wasserhöhe beträgt 2,6 m. Das Becken soll leer gepumpt werden. Dabei sinkt der Wasserspiegel stündlich um 0,4 m. Betrachte die Funktion $f : x \mapsto y$, die die Abhängigkeit der Wasserhöhe y von der Pumpzeit x beschreibt.

a) Fülle die Wertetabelle aus und zeichne den Graphen der Funktion.

x (h)	y (m)
0	
1	
2	
2,5	
3	
4	
5	

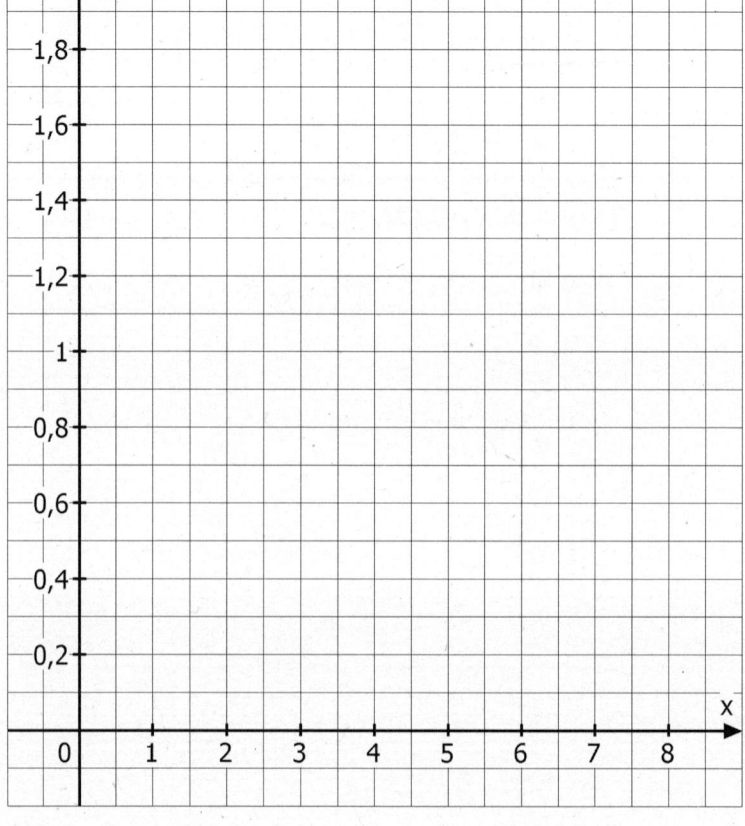

b) Gib eine Gleichung der Funktion f an.

c) Nach welcher Zeit ist das Becken leer gepumpt?

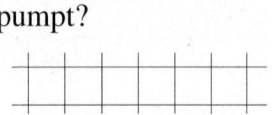

24. 1ℓ Benzin wiegt 0,7 kg, ein 10 ℓ-Kanister wiegt leer 2 kg.

a) Der Kanister enthält 8 ℓ Benzin. Berechne das **Gesamtgewicht** von Kanister und Benzin.

8 ℓ ↦

b) Das Gesamtgewicht hängt von der Benzinmenge in dem Kanister ab. Gib eine Gleichung der Funktion **Benzinmenge → Gesamtgewicht** an.

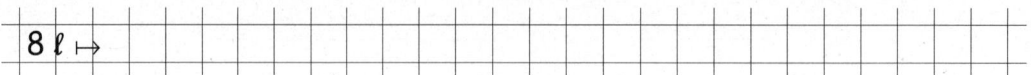

x = Benzinmenge ; y = Gesamtgewicht. Gleichung:

Steigung und Steigungsdreieck

Basisaufgabe zum selbstständigen Lernen

Peter (14½ Jahre) möchte seinen Mopedführerschein machen. Im theoretischen Unterricht erklärt der Fahrlehrer die **Gefahrenschilder**. Sie haben alle die gleiche Form - ein rot umrandetes Dreieck auf weißem Grund - und weisen mit einem **Symbol** auf die Gefahr hin.

① a) Welche Bedeutung haben die Verkehrsschilder rechts? Worin besteht der Unterschied?

   b) Mit welchem Symbol wird auf die Gefahr hingewiesen?

   c) Erkläre die Prozentangaben. Schreibe sie dazu als Hundertstelbruch.

12 % =	10 % =

   d) Der Fahrlehrer erklärt die Bedeutung der Prozentangaben auf diesem Schild folgendermaßen:

   - „12% Steigung einer Straße bedeutet, dass pro 100 m in waagerechter Richtung (= **Horizontalabschnitt**) die Höhe um 12 m (= **Vertikalabschnitt**) zunimmt."

   - „10% Gefälle einer Straße bedeutet, dass pro 100 m in waagerechter Richtung (= **Horizontalabschnitt**) die Höhe um 10 m (= **Vertikalabschnitt**) abnimmt."

   e) Zeichne dazu jeweils ein geeignetes (Steigungs-) Dreieck und beschrifte es.

   f) Begründe, warum das „Gefahrensymbol für Steigung bzw. Gefälle" nicht mit der Realität übereinstimmt.

   g) Gib jeweils die Steigung bzw. das Gefälle in Prozent (%) an.

Steigungsverhalten der Straße	Horizontal-abschnitt	Vertikal-abschnitt	Steigung in %	Gefälle in %
Pro 100 m nimmt die Straße 8 m an Höhe zu.				
Pro 100 m nimmt die Straße 12 m an Höhe ab.				
Pro 25 m nimmt die Straße 1,5 m an Höhe zu.				
Pro 10 m nimmt die Straße ½ m an Höhe ab.				

② Die folgende Gerade g ist mit einem Steigungsdreieck gezeichnet worden.

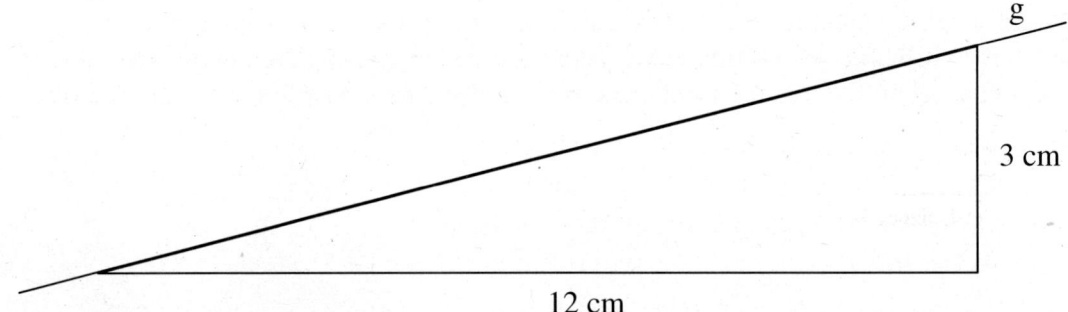

a) Zeichne noch mindestens drei weitere Steigungsdreiecke für diese Gerade g in die obige Zeichnung ein und ergänze die folgende Tabelle.

	Steigungsverhalten der Geraden g	Horizontal-abschnitt	Vertikal-abschnitt	$\dfrac{\text{Vertikalabschnitt}}{\text{Horizontalabschnitt}}$
1.	Pro 12 cm nimmt die Gerade g 3 cm an Höhe zu.	12 cm	3 cm	$\dfrac{3\,\text{cm}}{12\,\text{cm}} = \dfrac{1}{4}$
2.				
3.				
4.				

b) Ergänze:

Zu jeder Geraden g gibt es _____ Steigungsdreiecke.

Bei allen Steigungsdreiecken, die zur selben Geraden g gehören, ist der **Quotient**

aus Vertikalabschnitt und Horizontalabschnitt _____ .

c) Merke:

Unter der **Steigung m** einer Geraden versteht man den **Quotienten aus dem Vertikalabschnitt und dem Horizontalabschnitt**. Die dabei entstehende Zahl ist ein Maß für die Steilheit der Geraden.

d) Ergänze.

Ist die Steigung m positiv, dann _____ die Gerade.

Ist die Steigung m negativ, dann _____ die Gerade.

Ist die Steigung $m = 0$, dann verläuft die Gerade _____ .

Für positive Steigungen gilt: Ist $m_1 > m_2$, dann steigt die Gerade g_1
_____ als die Gerade g_2.

Für negative Steigungen gilt: Ist $m_1 > m_2$, dann fällt die Gerade g_1
_____ als die Gerade g_2.

25. Lies die Steigungen ab: „bergauf !"   „bergab!"

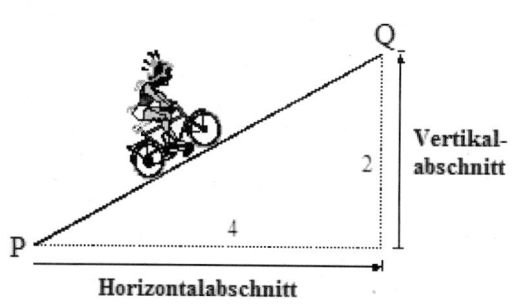

Steigung: m = ⬚   Steigung: m = ⬚

26. Lies die Steigungen zwischen den Punkten P und Q an den Steigungsdreiecken ab.

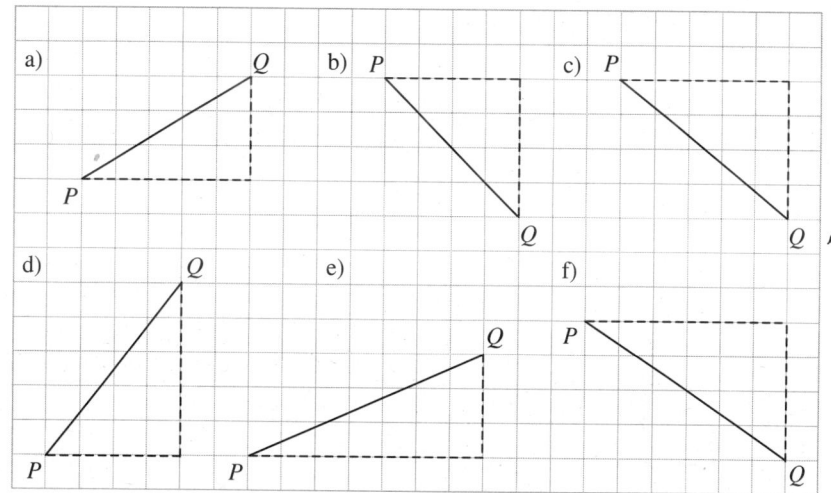

	Steigung m
a)	
b)	
c)	
d)	
e)	
f)	

27. Zeichne zwei Punkte P und Q ein, deren Verbindungslinie die folgende Steigung m hat.

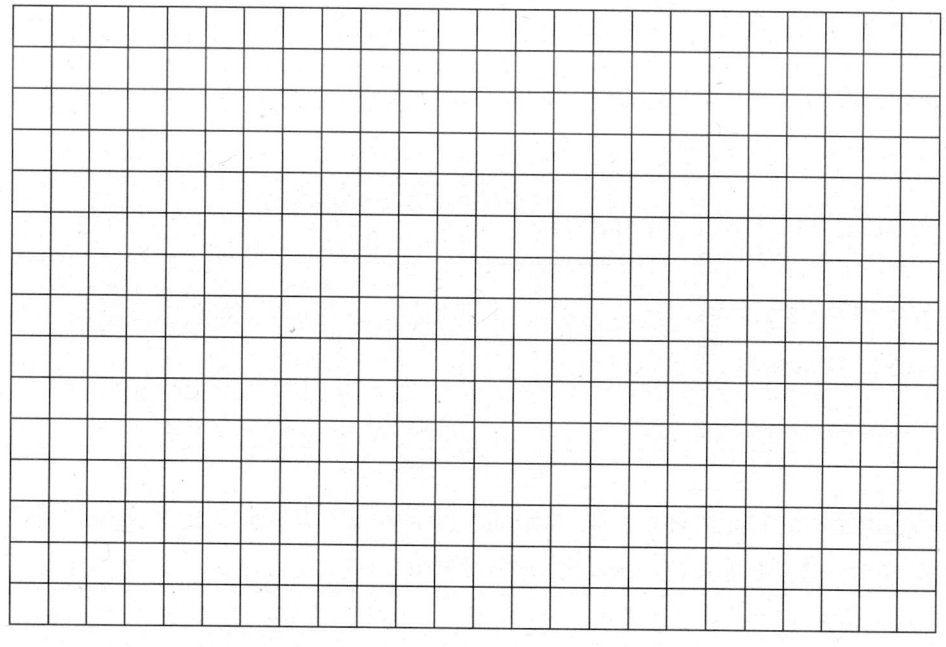

	Steigung m
a)	2
b)	−1
c)	0,5
d)	−1,5
e)	$\frac{2}{3}$
f)	$-\frac{6}{18}$

Schaubilder linearer Funktionen im Koordinatensystem

Basisaufgabe zum selbstständigen Lernen

① Gegeben ist das Schaubild der Funktion $f : y = 2 \cdot x$.

   a) Die Ursprungsgerade wird längs der Pfeile verschoben. Zeichne in unterschiedlichen Farben die Geraden, die entstehen.

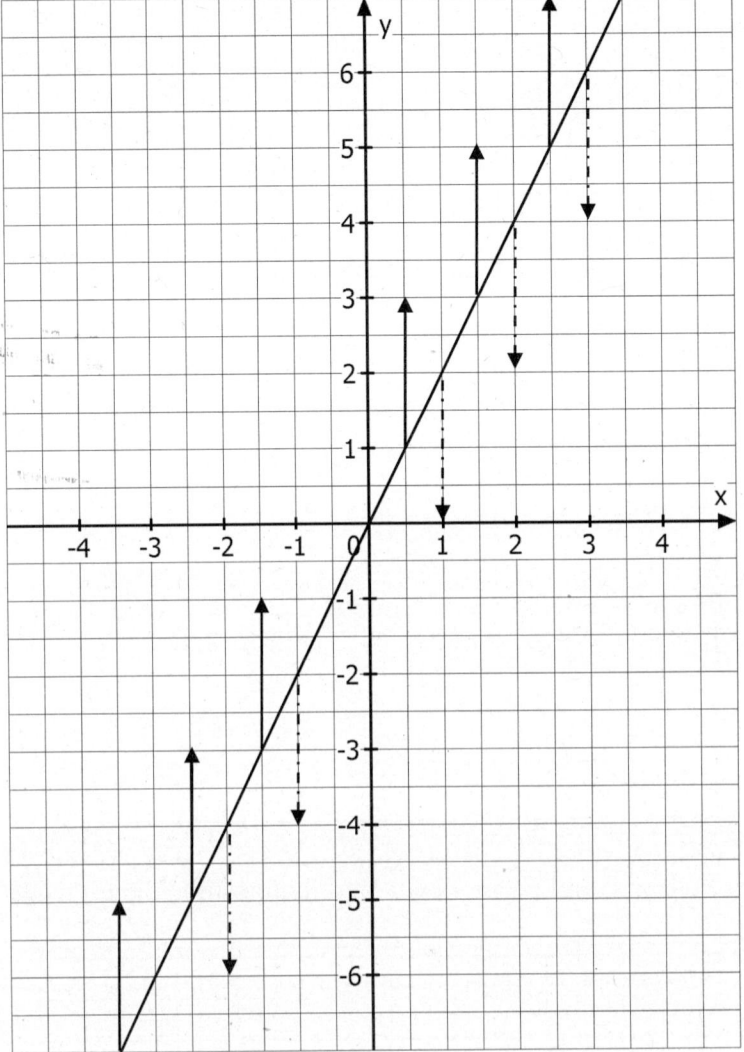

   b) Notiere die Erkennungsmerkmale der verschobenen Geraden.

Gerade	Steigung	Schnittpunkt mit der y-Achse	Gleichung
Ursprungsgerade			
nach oben verschoben			
Nach unten verschoben			

Das Schaubild einer linearen Funktion mit der Gleichung y = m · x + n ist eine Gerade mit der Steigung m und dem y-Achsenabschnitt n.

28. Lies an den Funktionsgleichungen die Steigung *m* und den *y*-Achsenabschnitt *n* ab.

	Gleichung	Steigung	y-Achsenabschnitt
a)	$y = \frac{2}{3}x + 3$	$m =$	$n =$
b)	$y = -\frac{1}{5}x + 3$	$m =$	$n =$
c)	$y = -3x + \frac{1}{2}$	$m =$	$n =$
d)	$y = -x + 3{,}5$	$m =$	$n =$
e)	$y = 2{,}5\,x$	$m =$	$n =$
f)	$y = 5 - \frac{1}{2}x$	$m =$	$n =$

Basisaufgabe zum selbstständigen Lernen

② Gegeben sind die Schaubilder der Funktionen $f: y = \frac{2}{3}x - 1$ und $g: y = -\frac{4}{3}x + 2$.

$$f: y = \frac{2}{3}x - 1 \qquad\qquad\qquad g: y = -\frac{4}{3}x + 2$$

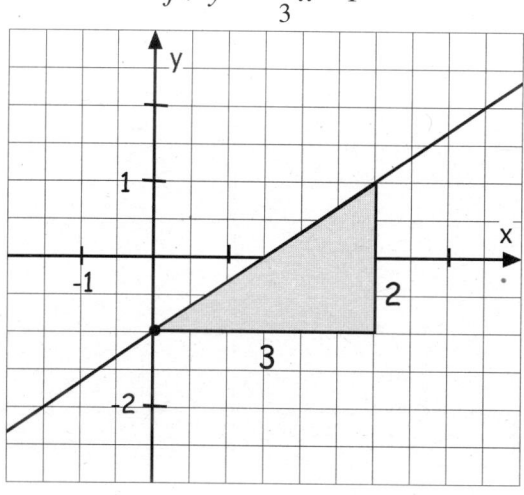
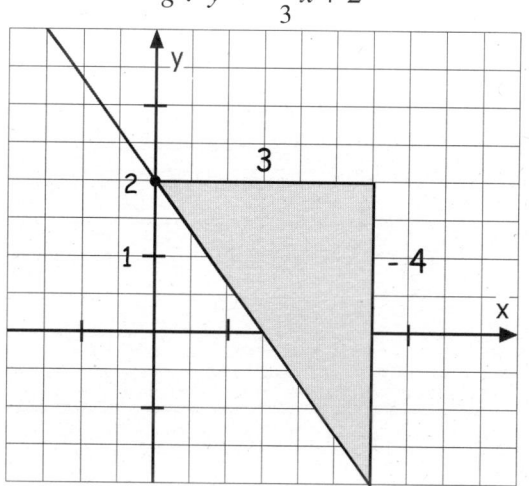

Der ┃ **Nenner** ┃ gibt an, wie viel Längeneinheiten (LE) man nach **rechts** zeichnen muss.

┃ wie viel LE man nach **oben**
(**positive** Steigung: m > 0) ┃

Der ┃ **Zähler** ┃ gibt an   zeichnen muss.

┃ wie viel LE man nach **unten**
(**negative** Steigung: m < 0) ┃

29. Gegeben ist die Funktion f mit der Funktionsgleichung $y = -\frac{3}{4}x + 2$. Zeichne das Schaubild der Funktion (Funktionsgraph).

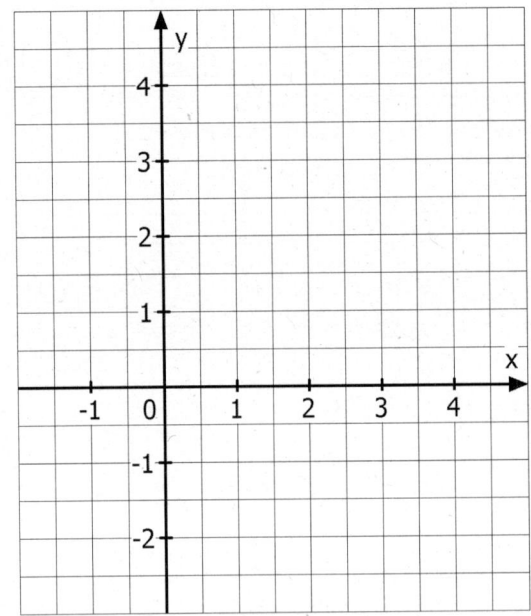

Vorgehensweise

① Lies aus der Funktionsgleichung den Schnittpunkt S der Geraden mit der y-Achse ab und markiere ihn.

$n = 2$; $S(0 \mid 2)$

② Zeichne im Punkt S ein Steigungsdreieck mit $m = -\frac{3}{4}$.

③ Zeichne das Schaubild der Funktion.

30. Zeichne die Funktionsgraphen.

$$y = \frac{1}{2}x - 2 \qquad\qquad y = -\frac{5}{2}x + 2$$

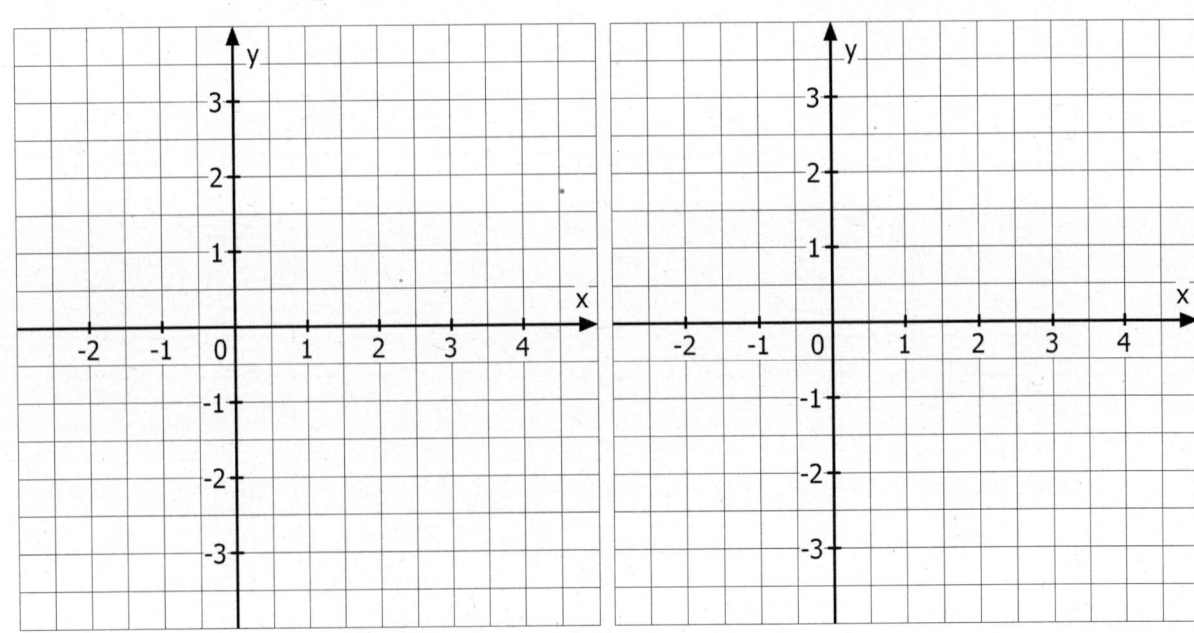

31. Zeichne die Funktionsgraphen in dein Heft.

a) $y = \frac{1}{3}x - 3$ b) $y = x + 1$ c) $y = \frac{3}{4}x - 3$ d) $y = -\frac{5}{3}x + 4$

32. Zeichne die Funktionsgraphen mit den angegebenen Gleichungen.

$$y = \frac{4}{3}x - 2 \qquad\qquad y = -3x + 2$$

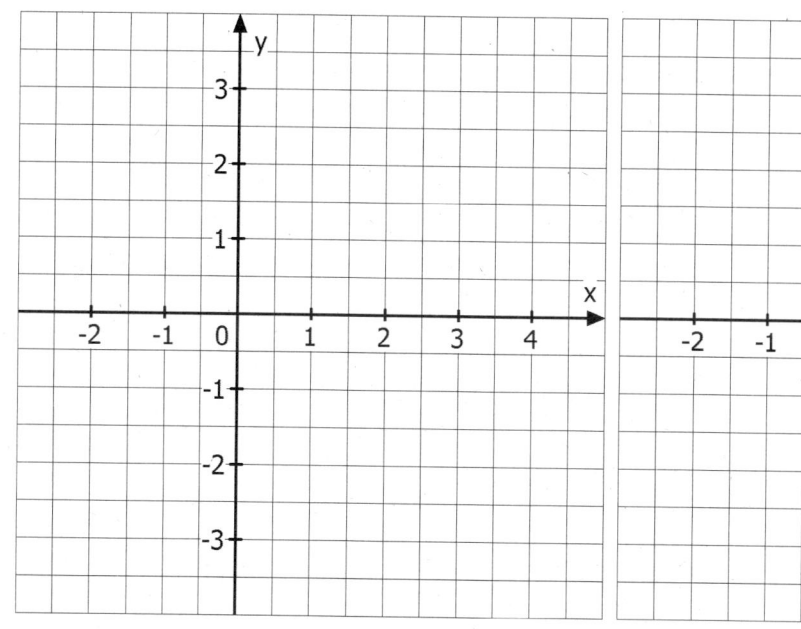
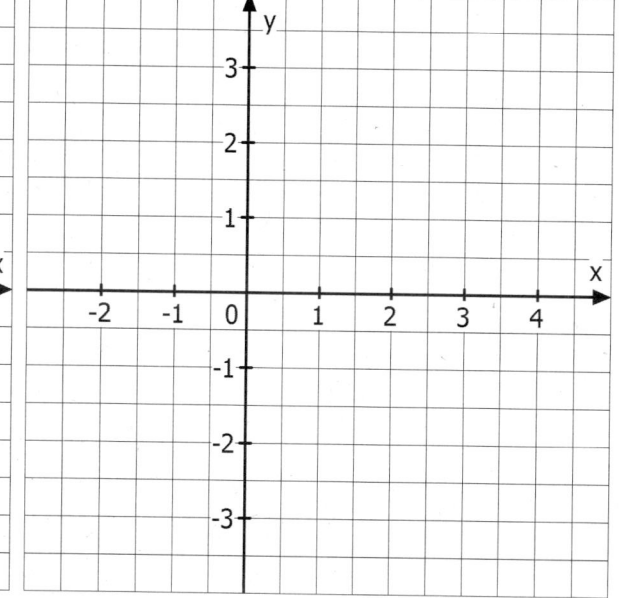

$$y = \frac{1}{2}x - 1 \qquad\qquad y = -\frac{2}{3}x + 1$$

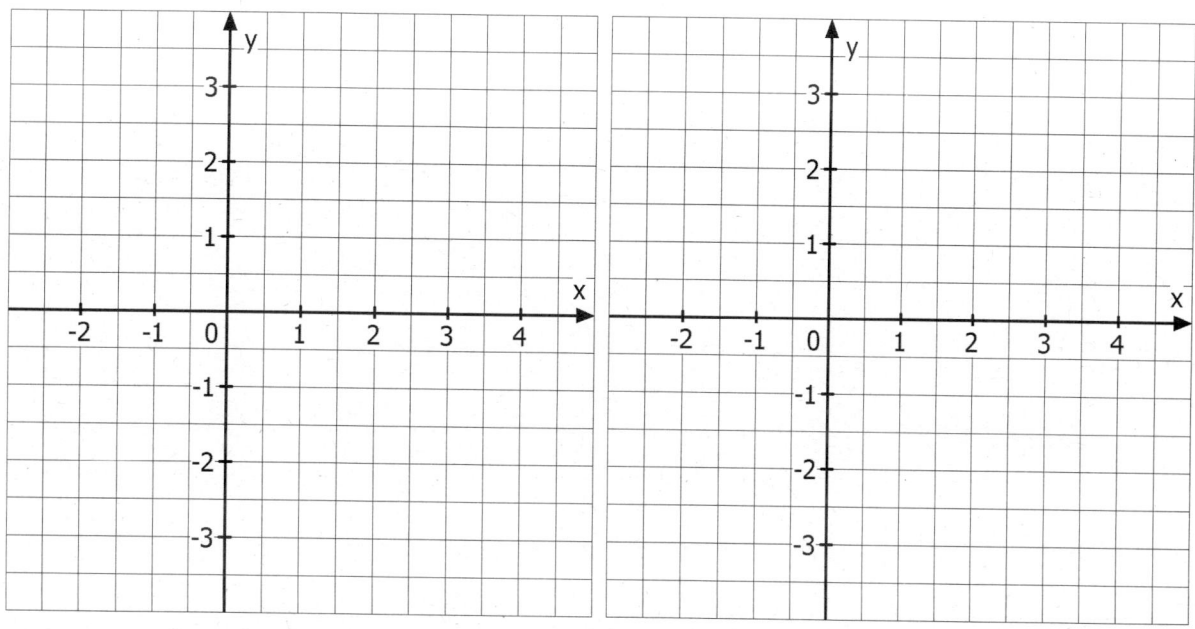

33. Zeichne jeweils drei Schaubilder in ein gemeinsames Koordinatensystem.

a) $f : y = \frac{3}{2}x + 1$ b) $g : y = -\frac{3}{4}x + 3$ c) $h : y = \frac{2}{5}x - 2$

d) $f : y = \frac{1}{5}x + 2$ e) $g : y = -\frac{2}{3}x - 1$ f) $h : y = -\frac{4}{5}x + 2$

g) $f : y = \frac{1}{4}x - 4$ h) $g : y = -\frac{5}{3}x + 2$ i) $h : y = \frac{3}{8}x + \frac{1}{2}$

Funktionsgleichungen ermitteln

Basisaufgabe zum selbstständigen Lernen

① Ermittle zu den Schaubildern Funktionsgleichungen. Fülle die Tabelle aus.

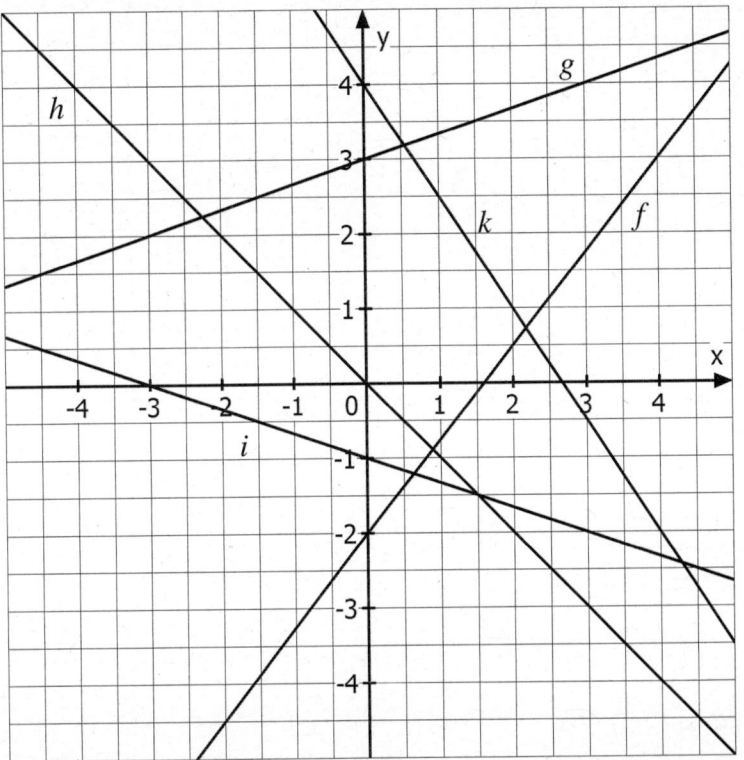

Funktion	Steigungsdreieck		Steigung m	y-Achsenab-schnitt n	Gleichung
	Horizontal-abschnitt	Vertikal-abschnitt			
f					
g					
h					
i					
k					

34. Bestimme die Funktionsgleichungen.

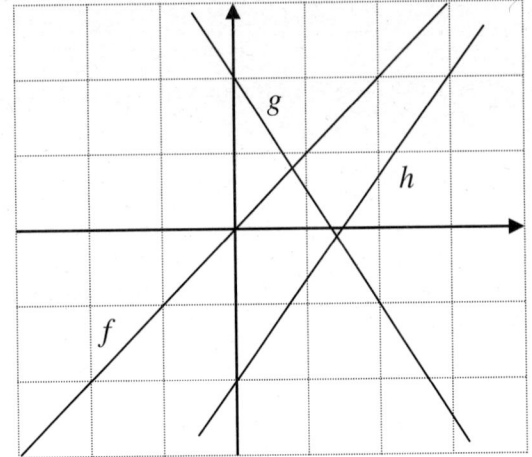

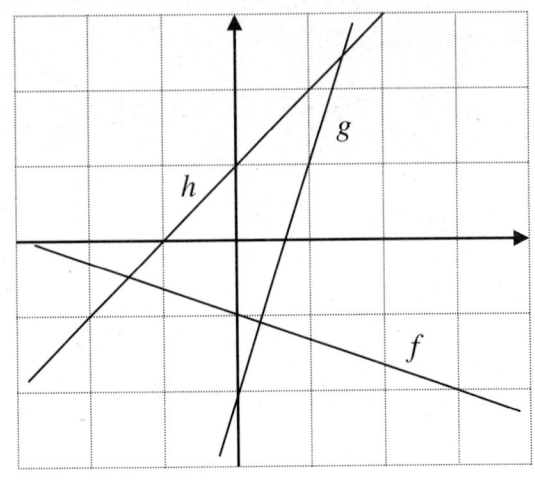

Punktprobe

Basisaufgabe zum selbstständigen Lernen

① Die Abbildung zeigt das Schaubild der Funktion f mit der Gleichung
$$y = -3x + 1 \, .$$

Wir wollen prüfen, ob die drei Punkte $A(1|-2)$, $B(-1|4)$ und $C(-3|10)$ zum Schaubild gehören.

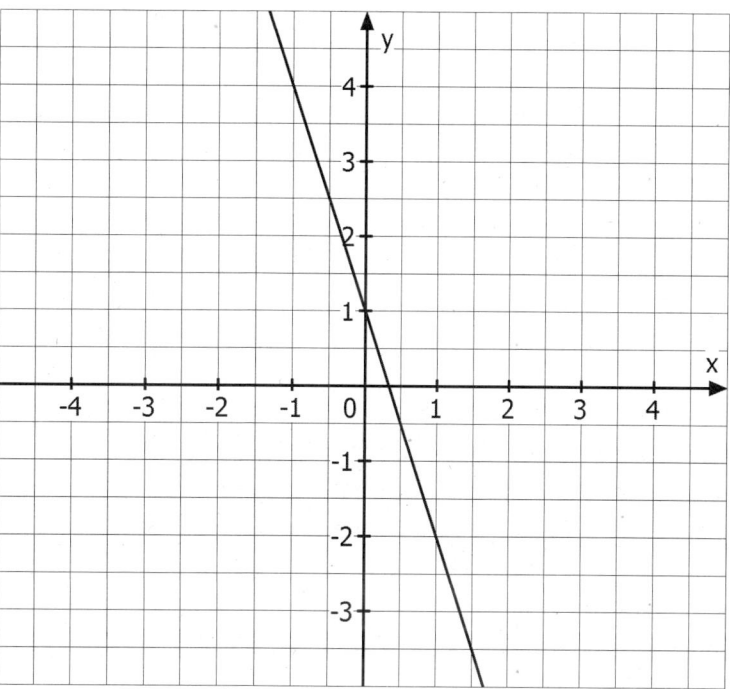

- Die Punkte A und B kannst du im Koordinatensystem eintragen. Entscheide anhand des Schaubildes.

- Der Punkt C lässt sich nicht einzeichnen. Wir müssen rechnerisch entscheiden.

  Setze dazu die Koordinaten des Punktes $C(-3|10)$ in die Funktionsgleichung ein.

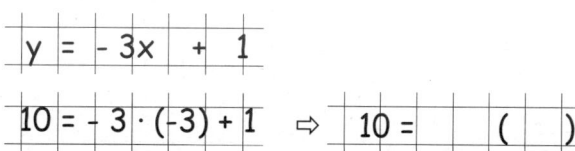

- Die Koordinaten des Punktes C erfüllen die Funktionsgleichung, deshalb liegt der Punkt C auf dem Schaubild der Funktion.

---

35. Prüfe rechnerisch nach, ob die Punkte zum Schaubild der Funktion gehören.

a) $y = \frac{2}{3}x + 1$; $A(6|5)$; $B(-6|-5)$

b) $y = -\frac{4}{5}x - 3$; $A(\frac{5}{8}|-3,5)$; $B(10|5)$

36. Die Punkte sollen auf dem Schaubild der angegeben Funktion liegen. Bestimme die fehlende Koordinate.

a) $y = -\frac{3}{4}x + 2$; $A(8| \, y \,)$; $B(\frac{1}{3}| \, y \,)$

b) $y = -4x + 2$; $A(-2| \, y \,)$; $B(\frac{1}{2}| \, y \,)$

37. Die Punkte sollen auf dem Schaubild der angegebenen Funktion liegen. Bestimme die fehlende Koordinate.

a) $y = -\frac{2}{3}x + 4$; $A(\, x \, |0)$; $B(\, x \, |2)$

b) $y = \frac{1}{2}x - 3$; $A(\, x \, |1)$; $B(\, x \, |-2\frac{4}{5})$

Nullstellen

Basisaufgabe zum selbstständigen Lernen

① Gegeben ist die Funktion $f : y = \frac{1}{2}x - 2$ mit $x \in \mathbb{Q}$.

a) Bestimme **zeichnerisch** den Schnittpunkt der Geraden mit der x-Achse. Zeichne dazu den Funktionsgraphen ins Koordinatensystem.

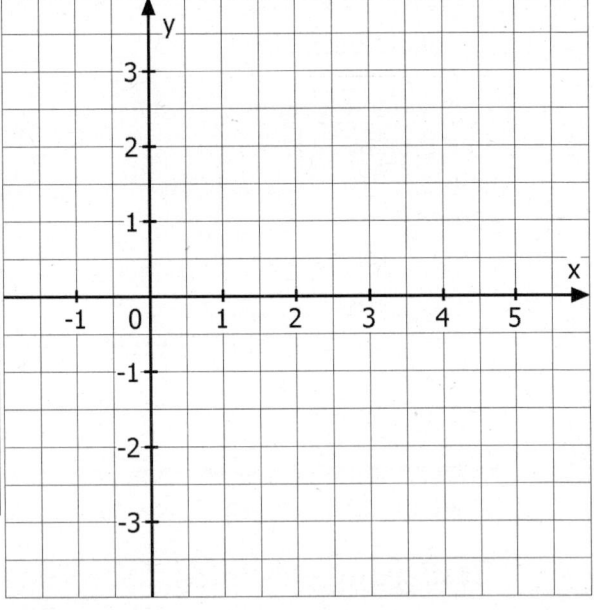

Der Schnittpunkt N des Funktionsgraphen von f mit der x-Achse hat die y-Koordinate 0:

$$N(x \mid 0)$$

Die x-Koordinate von N wird **Nullstelle** der Funktion f genannt.

Schnittpunkt: N(|)

b) Bestimme **rechnerisch** den Schnittpunkt der Geraden mit der x-Achse.

Du weißt: Im Schnittpunkt mit der x-Achse ist y = 0. Du musst die x-Koordinate berechnen.

$$y = \frac{1}{2}x - 2 \Rightarrow 0 = \frac{1}{2}x - 2$$

38. Berechne die Nullstellen.

a) $y = 2x + 6$

b) $y = -\frac{1}{2}x - 1$

c) $y = -3x - 1{,}5$

d) $y = \frac{2}{5}x - \frac{4}{10}$

e) $y = 4x + 14$

f) $y = \frac{x}{3} + 5$

g) $y = \frac{3}{4}x - 6$

h) $y = -\frac{1}{3}x - \frac{1}{6}$

i) $y = 4x - 10$

39. Bestimme die Schnittpunkte mit den Koordinatenachsen und zeichne mit ihrer Hilfe das Schaubild der Funktion.

a) $y = x - 4$

b) $y = 2x + 4$

c) $y = -1{,}5x - 3$

d) $y = -\frac{4}{5}x + 4$

40. Gegeben sind die Schnittpunkte einer Geraden mit den Achsen eines Koordinatensystems. Zeichne mithilfe der beiden Schnittpunkte ein geeignetes Steigungsdreieck und bestimme jeweils die zugehörige Funktionsgleichung der Geraden.

	Schnittpunkt mit der	
	x-Achse	y-Achse
a)	N(4/0)	S(0/2)
	Funktionsgleichung:	
b)	N(–3/0)	S(0/3)
	Funktionsgleichung:	
c)	N(2/0)	S(0/4)
	Funktionsgleichung:	
d)	N(–2/0)	S(0/–5)
	Funktionsgleichung:	

Steigungsformel für Geraden im Koordinatensystem

Basisaufgabe zum selbstständigen Lernen

① Eine Gerade im Koordinatensystem wird durch zwei Punkte eindeutig beschrieben. Zu der eingezeichneten Geraden soll die Funktionsgleichung bestimmt werden.

a) Gib die beiden Punkte P und Q an, die die Gerade eindeutig festlegen.

P(/   ) , Q(/   )

b) Zeichne mithilfe der Punkte P und Q ein Steigungsdreieck dieser Geraden.

c) Berechne mithilfe der Koordinaten der Punkte P und Q die Länge des **Vertikalabschnitts** und die Länge des **Horizontalabschnitts** und bestimme die Steigung m.

d) Setze in die Funktionsgleichung $y = m \cdot x + n$ den Wert für m ein und bestimme mithilfe der Koordinaten von P oder Q den y-Achsenabschnitt n.

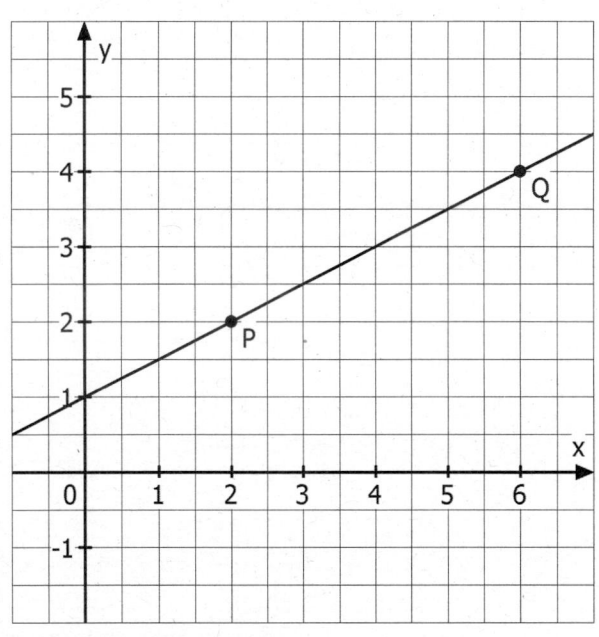

Funktionsgleichung:

② **Verallgemeinerung:**

Von einer Geraden sind zwei beliebige Punkte $P(x_1 \, / \, y_1)$ und $Q(x_2 \, / \, y_2)$ bekannt.

Leite eine Formel her, mit der du die Steigung m der Geraden berechnen kannst.

a)	**Steigungsformel**	$m = \underline{\hspace{4cm}}$
b)	Interpretiere die folgende Termum- formung im Zusammenhang mit der Berechnung von m mithilfe der Steigungsformel.	$\dfrac{y_2 - y_1}{x_2 - x_1} = \dfrac{-1\cdot(y_1 - y_2)}{-1\cdot(x_1 - x_2)} = \dfrac{y_1 - y_2}{x_1 - x_2}$

41. Berechne die Steigung der Geraden, die durch P und Q geht, auf zwei verschiedene Arten.

	Punkt P	Punkt Q
a)	$(1 \, / \, 3)$	$(4 \, / \, 5)$
	Steigung m:	
b)	$(1 \, / \, {-2})$	$(-3 \, / \, 4)$
	Steigung m:	
c)	$(-\frac{1}{2} \, / \, \frac{5}{4})$	$(\frac{5}{8} \, / \, -\frac{1}{4})$
	Steigung m:	

42. Bestimme die Funktionsgleichung $y = m \cdot x + n$ der Geraden, die durch die Punkte P und Q geht. Berechne dafür m und n.

	Punkt P	Punkt Q
a)	$(-12 \, / \, 25)$	$(3 \, / \, {-5})$
	Funktionsgleichung:	
b)	$(3,35 \, / \, {-1,67})$	$(-1,65 \, / \, -0,67)$
	Funktionsgleichung:	

Parallele Geraden

Basisaufgabe zum selbstständigen Lernen

① a) Lies die Gleichungen der Geraden ab.

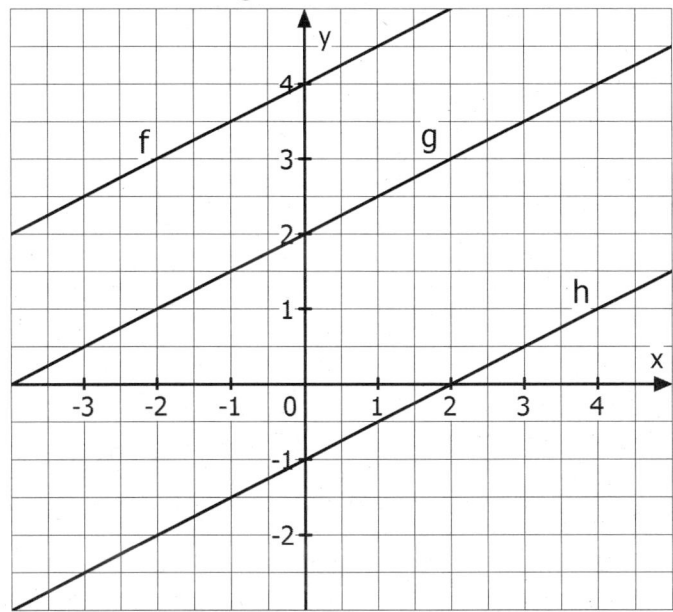

f
y =

g
y =

h
y =

b) Welche Gemeinsamkeiten besitzen die drei Schaubilder?

c) Vervollständige die Regel.

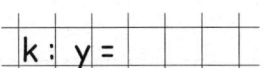

Zwei Geraden sind parallel, wenn sie

---

43. Zeichne das Schaubild von $f: y = \dfrac{3}{2}x - 3$.

Ergänze in dem gleichen Koordinatensystem das Schaubild der Parallelen zur Geraden f.

Parallele durch $P(0|3)$.

g : y =

Parallele durch den Ursprung.

h : y =

Parallele durch $Q(4|3)$.

k : y =

Was fällt dir bei den Geraden f und k auf ?

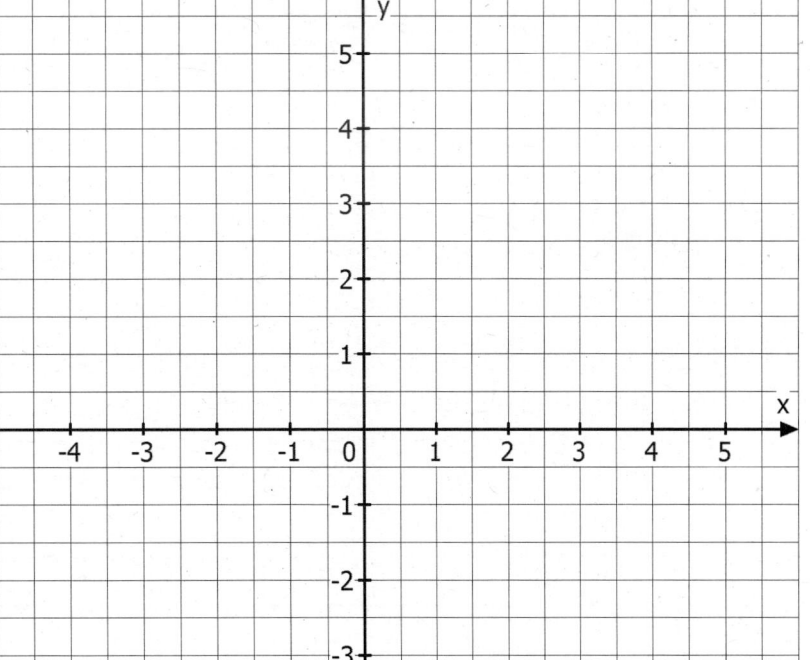

Sonderfälle

Basisaufgabe zum selbstständigen Lernen

① Wir untersuchen Geraden mit dem besonderen Steigungsmaß $m = 0$.

a) Fülle die Wertetabelle aus und zeichne die Geraden.

x	-1	0	1	2	3
y = 0·x + 1					

x	-1	0	1	2	3
y = 0·x - 2					

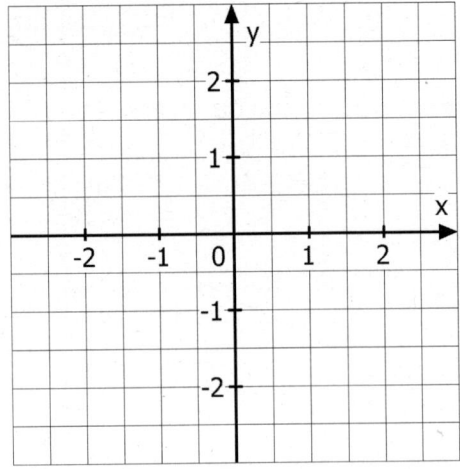

b) Welche Besonderheit fällt dir auf? Beschreibe den Verlauf der Schaubilder.

c) Das Schaubild einer linearen Funktion mit der Gleichung $y = n$ ist eine

Gerade _____ zur x-Achse im Abstand _____.

Für n > 0 verläuft die Gerade _____ der x-Achse, für n < 0

_____.

Die lineare Funktion mit der Gleichung $y = n$ heißt **konstante Funktion**.

② Durch die Gleichung der Form $x = t$ mit $t \in \mathbb{Q}$ wird eine Parallele zur y-Achse beschrieben.

Diese Geraden stellen **keine Funktion** dar. Die Zuordnung ist nicht eindeutig.

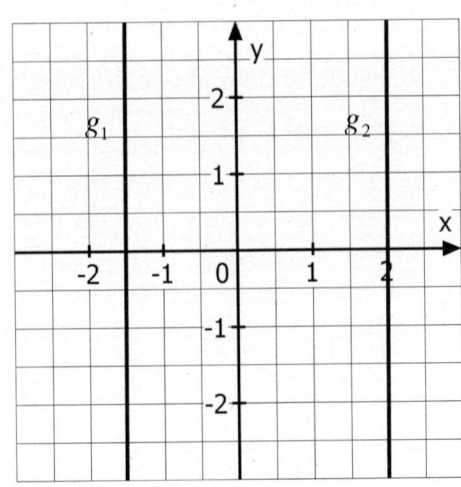

Gib die Gleichungen der Geraden g_1 und g_2 an.

g_1 : _____ g_2 : _____

44. a)   Gib eine Gleichung der Parallelen zur *x*-Achse im gegebenen Abstand an.

Oberhalb der *x*-Achse im Abstand 3	Unterhalb der *x*-Achse im Abstand 3,5
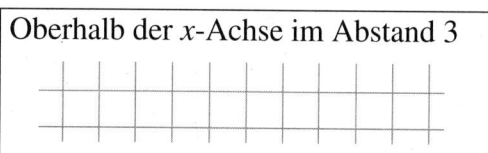	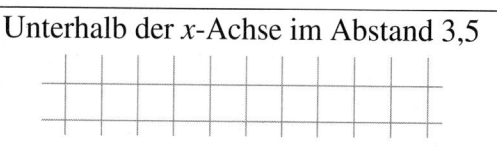

   b)   Welche Gleichung hat die *x*-Achse?

45.   Beschreibe durch eine Gleichung.

   a)   Parallele zur *y*-Achse im Abstand 4

   b)   Parallele zur *y*-Achse durch $P(-3|\,1)$

   c)   *y*-Achse

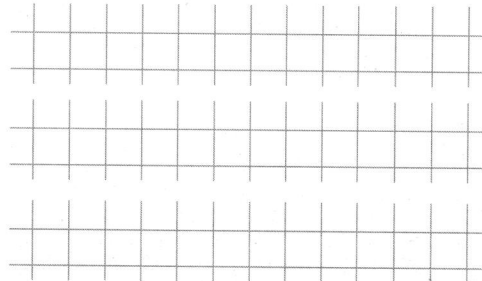

① Ermittle zu den Schaubildern die Geradengleichungen. Welche Gleichung ist keine Funktionsgleichung?

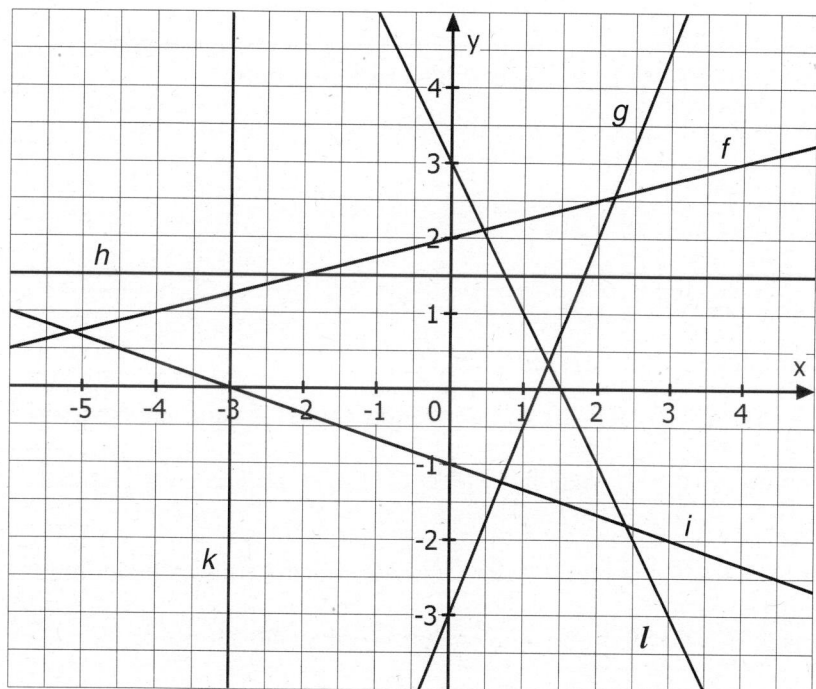

f :	g :
h :	i :
k :	l :

8.8 Funktionsgleichungen linearer Funktionen aufstellen

Eine lineare Funktion hat die Gleichung $y = m \cdot x + n$, $m, n \in \mathbb{Q}$; m ist die Steigung, n der y-Achsenabschnitt, $S(0/n)$ der Schnittpunkt der Geraden mit der y-Achse.

46. Der y-Achsenabschnitt und die Steigung sind gegeben.

Gib jeweils die Gleichung an und zeichne die Gerade in ein Koordinatensystem.

a) $n = -2$; $m = \dfrac{2}{3}$ b) $n = 1$; $m = -\dfrac{3}{4}$

47. Der y-Achsenabschnitt und ein Punkt der Geraden sind gegeben.

Berechne die Steigung m und bestimme die Funktionsgleichung der Geraden.

a) $n = 3$ und $P(2 \mid 9)$ b) $n = 5$ und $P(-3 \mid -4)$

c) $n = 1$ und $P(\dfrac{3}{4} \mid \dfrac{3}{2})$ d) $n = -2$ und $P(7 \mid 4)$

48. Gib die Funktionsgleichung der Geraden an.

a) $n = -2$ und $P(6 \mid 4)$ Prüfe, ob der Punkt $Q(3,5 \mid \dfrac{3}{2})$ auf der Geraden liegt.

b) $n = \dfrac{1}{2}$ und $P(6 \mid \dfrac{5}{2})$ Welcher Punkt $Q(x \mid \dfrac{3}{2})$ liegt auf der Geraden?

49. Die Steigung und ein Punkt der Geraden sind gegeben.

Berechne den y-Achsenabschnitt n und bestimme die Funktionsgleichung der Geraden.

a) $m = 3$ und $P(3 \mid 2)$ b) $m = \dfrac{1}{2}$ und $P(-4 \mid 4)$

c) $m = \dfrac{2}{3}$ und $P(3 \mid -2)$ d) $m = 5$ und $P(3 \mid -1)$

50. Gib die Funktionsgleichung der Geraden an.

a) $m = 3$ und $P(3 \mid 10)$ Prüfe, ob der Punkt $Q(-2 \mid -5)$ auf der Geraden liegt.

b) $m = \dfrac{2}{3}$ und $P(6 \mid -3)$ Welcher Punkt $Q(1,5 \mid y)$ liegt auf der Geraden?

51. Ermittle die Funktionsgleichungen der Geraden, für die folgende Bedingungen gelten.

a) Die Gerade hat die Steigung $\dfrac{1}{2}$ und den y-Achsenabschnitt 4.

b) Die Gerade geht durch den Ursprung und hat die Steigung –3.

c) Die Gerade hat die Steigung $-\dfrac{2}{3}$ und geht durch den Punkt $P(-3 \mid 3)$.

d) Die Gerade hat die Steigung $\dfrac{2}{5}$ und schneidet die y-Achse im Punkt $P(0 \mid 4)$.

e) Die Gerade hat die Steigung –2 und schneidet die *x*-Achse an der Stelle 3.

f) Die Gerade läuft parallel zur *x*-Achse und geht durch den Punkt $P(2 \mid 5)$.

g) Die Gerade hat den *y*-Achsenabschnitt 3 und geht durch den Punkt $P(4 \mid 11)$.

52. Zwei Punkte der Geraden sind gegeben.

Berechne *m* mit der Steigungsformel und wähle dir einen Punkt zur Berechnung von *n* aus. Gib die Funktionsgleichung der Geraden an.

a) $P(2 \mid -1)$; $Q(5 \mid 1)$ b) $P(1 \mid -2)$; $Q(-1 \mid 2)$

c) $P(-3 \mid 2)$; $Q(5 \mid 5)$ d) $P(-5 \mid -2)$; $Q(-1 \mid -3)$

53. Die Punkte *P* und *Q* liegen auf der Geraden mit der Funktionsgleichung $y = mx + n$. Gib die fehlende Koordinate des Punktes *R* an, so dass *R* ebenfalls auf der Geraden liegt.

a) $P(-3 \mid -3)$; $Q(-2 \mid 2)$; $R(2 \mid y)$ b) $P(2 \mid 3)$; $Q(-3 \mid 6)$; $R(x \mid 7\frac{1}{5})$

c) $P(1 \mid -2)$; $Q(3 \mid -6)$; $R(0,5 \mid y)$ d) $P(3 \mid -1)$; $Q(6 \mid 1)$; $R(x \mid -2)$

① Ermittle eine Gleichung der Geraden *g*.

   a) *g* hat die Steigung –2 und den *y*-Achsenabschnitt 3.

   b) *g* geht durch den Ursprung und hat die Steigung 0,75.

   c) *g* geht durch den Punkt $P(1 \mid 3)$ und ist parallel zu *h*: $y = -x + 7$.

   d) *g* ist die erste Winkelhalbierende des Koordinatensystems.

② Prüfe rechnerisch, ob die Geraden *AB* und *CD* parallel sind. Gib dazu jeweils auch die Funktionsgleichungen an.

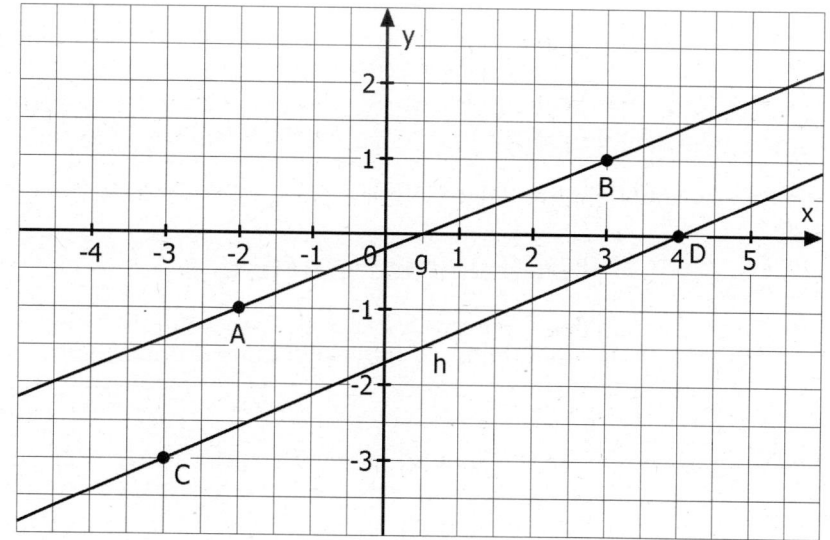

Eine Zuordnung f, die jedem Element x einer Menge D genau eine Zahl zuordnet, heißt **Funktion auf D**. D heißt **Definitionsmenge** der Funktion, y heißt **Funktionswert von f an der Stelle x.**

Beispiel: $f: \mathbb{Q} \rightarrow \mathbb{Q}\, ; \; x \mapsto \dfrac{1}{2}x + 2$ Funktionsgleichung: $y = \dfrac{1}{2}x + 2$

Es sei f eine Funktion. Die Menge aller Punkte $(x|y)$ mit $x \in D$ heißt **Schaubild (Graph)** der Funktion, in Zeichen G_f. Die Menge aller Funktionswerte von f heißt **Wertemenge W.**

Lineare Funktionen

Eine Funktion $f: x \mapsto y$ mit $y = mx + n$ ($m, n \in \mathbb{Q}$) heißt **lineare Funktion.** Der Graph einer linearen Funktion ist eine **Gerade.** Die **Steigung** einer Geraden wird mit m, der **y-Achsenabschnitt** mit n bezeichnet.

Steigungsformel

Die Gerade, die durch die Punkte $P(x_1|y_1)$ und $Q(x_2|y_2)$ geht, hat die Steigung:

$$m = \frac{y_2 - y_1}{x_2 - x_1} = \frac{y - \ddot{A}nderung}{x - \ddot{A}nderung} \; (x_1 \neq x_2)\,.$$

Sonderfälle linearer Funktionen

Eine Funktion $f:$ mit $y = n$ heißt **konstante Funktion.** Ihr Schaubild ist eine **Parallele** zur x-Achse.
Eine Funktion $f:$ mit $y = mx$ heißt **proportionale Funktion.** Ihr Schaubild ist eine **Ursprungsgerade.** Ist $m = 1$, so stellt die Ursprungsgerade die 1. Winkelhalbierende des Koordinatensystems dar. Die Ursprungsgerade mit $m = -1$ ist die zweite Winkelhalbierende.

Lagebeziehungen

Zwei Geraden sind genau dann **parallel**, wenn sie **dieselbe Steigung** besitzen.

Beispiel: $f: y = 2x + 2$ und $g: y = 2x - 3$

Parallelen zur y-Achse

Parallelen zur y-Achse haben die Gleichung $x = t$; es sind keine Funktionen.

Beispiel: $x = 3$ ist die Gleichung einer Parallelen zur y-Achse im Abstand 3. Die y-Achse hat die Gleichung $x = 0$.